行政基本条例の理論と実際

北海道の経験から—

神原　勝・編著
北海道大学大学院法学研究科教授

地方自治ジャーナルブックレットNo.36

はじめに

自治基本条例制定の試みが、全国各地に広がってきました。本書に収録した私たちの北海道行政基本条例案の作成も、その大きな流れのなかの一滴の試みです。

各地の動きを見ますと、まず様々な名称が登場します。自治基本条例、まちづくり基本条例、行政基本条例等々。内容も数ヵ条の条例から詳細な規定を備えた条例まで、あるいは議会に関する条文を入れたものから除外したものまで、まちまちです。条例案の作成の主体も、市民、議員、行政、研究者と、これまた多様です。

まさにこの多様性こそ地方自治のおもしろさなのですが、それぱかりではなく、この種の基本条例の制定は、ようやく初期の段階に足を踏み入れたばかりで、それぞれが生みの試行錯誤を重ねていることにもよっています。それだけに現在の段階では、互いの経験に学びながら、着実に水準をあげていくことが、とても大切なように思われます。

北海道では、市町村レベルではニセコ町が、都道府県レベルでは道が全国で最初に基本条例を制定しました。本書には、このうち道の行政基本条例の制定に際して、道政参加という観点から、私たち自身が作成・提案した条例案とその考え方を述べた論稿及び道条例の制定過程や問題点を検証した鼎談などを収録しています。

これまでの歴史を振り返りますと、自治体は、法令の制度とは別に、独自の制度を様々に発達させてきました。情報公開、市民参加、総合計画、政策評価など枚挙に暇がありません。自治基本条例は、それらの到達水準を見極めながら、わがまちの自治の原則を確立して、これらの制度が連動して効果をあげるよう総合化、体系化するのがねらいです。

私たちは、社団法人・北海道地方自治研究所に設けた自治基本条例研究会における三名の共同研究として条例案を作成しましたが、右に述べた課題にどこまで迫れたかもとより自信ありません。けれども、よりレベルの高い自治基本条例の出現のために、私たち北海道の経験を情報化し、提供する意味は大きいのではないかと考えました。

それが本書を公にした理由です。長所と思われるところはその活用、短所と思われるところはその修正、という両面から、バランスよくご利用、ご指摘いただければ幸いです。

二〇〇三年九月

編著者

Ⅰ

北海道行政基本条例の構想

神原　勝

（自治基本条例研究会代表・北海道大学大学院法学研究科教授）

1　道の「検討案」に対する私たちの提案

私たちはかねてより、分権時代の自治体運営のあり方、とりわけ「自治体の憲法」と称される「自治基本条例」について研究を続けてきましたが、このたび、その一環として、「北海道行政基本条例」（以下「行政基本条例」という）案を作成しました。これは、道が行政基本条例の制定手続の一環として、「行政基本条例（仮称）検討案」を公表し、これに対する道民の意見を求めたことに対する私たちの提案です。

条例案の構造及び全文は別掲の通りです。条文の検討に時間を要したため、六月一〇日のパブリックコメントの期限は過ぎましたが、今後の議論の発展に役立つものと確信しています。また行政基本条例の制定は、これまでの道政改革の集大成を意味しますが、過去数年間、知事の諮問機関に参加して道政改革の提言を積極的に行ってきた私たちの立場からいえば、この行政基本条例案は、私たちなりの道政改革の総括であり、同時に行政基本条例の制定を提案した者としての責任を果たすものでもあります。

2　条例案の作成における基本的な考え方

行政基本条例は都道府県レベルではまだ制定したところはありません。また一、二の県が公式非公式に条例案を検討していますが、体系を整えるには至っていません。道が五月に道民に示した「検討案」も内容はきわめて粗いものでした。したがって、私たちは、この種の基本条例にモデルはなく、また全国的にみても制定をめぐる動きは緒についたばかりなので、北海道の状況をふまえて自由に構想することにしました。以下、条例案の作成に当たり考えた基本的な問題点を概略的に述べることにします。

(1)　北海道だからできる行政基本条例

北海道は一九九五年以来、分権時代の到来を強く意識して、他の都府県に先駆けて道政改革を進め、全国で最も精度の高い情報公開条例、全国初の本格的な政策評価条例、都道府県で初のオンブズマン条例の制定をはじめとして、行政運営にかかる自主的な制度を多岐にわたって整備してきました。そのトータルな整備状況は都道府県のなかでは群を抜いています。

そうした改革の蓄積は、一九九五年から九七年にかけて、知事の諮問機関である道政改革民間フォーラムが行った提言（約一〇〇項目）を着実に実施（道民投票の制度化を除いて）した結果であり、その積み重ねがあって、この度の行政基本条例の制定が可能になりました。個別の制度は行政基本条例のなかの各論の部分に当りますが、この各論の制度化が相当程度進んでいなければ、レベルの高い行政基本条例は実際のところ制定できません。

道政改革民間フォーラムは、すでに五年前にそのことを予測し、「道庁の行政運営のあり方に関する提言」（一九九七年三月）において、道が名実ともに北海道地域における地方政府として成長するためには、自治基本条例の制定を展望して、戦略的に個別の改革を積み重ねていくよう提言しています。それから五年、努力が実ってようやく今日の状況を迎えることができたのです。

自治基本条例や行政基本条例は、その制定を思い立っても、直ちに、またどこの自治体でも制定できるというものではありません。あとでも述べますが、やはり着実な準備が必要です。その意味で、私たちは、行政基本条例は、努力を積み重ねてきた北海道だからこそ制定できると考えています。私たちは、それを誇りに思って条例案を作成しました。

(2) 自治基本条例と行政基本条例の違い

行政基本条例は、道の行政運営において欠くことのできない自主的かつ基幹的な制度を、一定の目的や理念のもとで体系化し、さらにその体系に属する個別の制度の原則を具体的に定めるものです。では、これは自治基本条例とはどのように異なるのでしょうか。まずこの点を整理しておく必要があります。

一言でいえば、行政基本条例は、そこで規定する内容を「行政の運営」にかかわる事項に対象を限定しているのに対し、自治基本条例は、それを含めて「自治体の運営」の全体に関して、その理念、原則、制度を定めるものです。そして当該自治体の最高条例（最高規範）として位置づけられます。したがって、そこには主権者たる住民の権利を基本として、議会さらには議会と首長の関係のあり方も含まれていなければなりません。

けれども、基本条例が本当に「生ける基本条例」となるためには、先に述べたように制定に先立ってある程度個別の制度が創設され作動していなければなりません。具体的なことは何もかも基本条例の制定後に委ねるというのでは、基本条例はきわめて抽象的な理念を謳うだけの作文条例になり、またその抽象性が原因となって、基本条例制定後の個別制度の整備も進まないでしょう。これでは何のための自治基本条例なのか分かりません。

このように考えますと、残念ながら北海道はまだ自治基本条例を制定できるレベルには到達していません。確かに行政運営のレベルでは様々な基幹的な制度を整えました。けれども、議会の運営あるいは議会と市民、首長との関係の改革などは進んでいないために、一挙には自治基本条例の制定までには行けないわけです。そこでまず、これまでの成果をとりまとめて行政基本条例の制定を先行させ、これを将来における自治基本条例の制定への第一歩にしよう、これが行政基本条例の制定をめぐる北海道的事情といえるでしょう。

行政運営に関する様々な制度が整備されても、個別に存在するだけでは時を経るにつれ形骸化します。残念ながらそれが行政の通例で、道においてもこの形骸化はすでに始まっています。そこでこれらを最高条例としての行政基本条例に明確に位置づけ、質を高めながら、それぞれを安定的に活用する必要があります。このように私たちの行政基本条例案は、単なる時代の要請とか一般論として作成したのではありません。これまでの北海道の試みた改革の成果、限界、展望を十分に認識してこの条例案を作成しています。

(3) 自治基本条例に近い行政基本条例

上に述べたように、限定的な内容の行政基本条例であっても、その制定には自治基本条例に劣らぬ大きな意義がありますが、さらに次に述べるように、工夫次第では限りなく自治基本条例に近い行政基本条例を制定することができます。

日本の自治体は非常に多くの仕事を行っています。そして政策の立案から執行に至るまで事実上大きな力を行使しているのは、首長ないしは首長が統括する行政です。そのことの是非をめぐる議論はいまここではしませんが、権力が首長ないし首長が統括する行政に集中している事実を認めるのであれば、この首長権力を住民がコントロールすることなくして自治体の民主主義は実現しないこともまた明白になるでしょう。

首長権力をコントロールするのは議会の役目でもありますが、国の政治とは違って自治体では、住民にもその権利があります。なぜなら、住民が首長を直接選挙で選んでいるからです。国の場合、首相を選ぶのは国会で、したがって首相は国会に対して直接の責任を負いますが、自治体の場合、首長は議会から選ばれるわけではありませんから議会に対して責任を負いません。首長が直接の責任を負うのは自分を選んでくれた住民なのです。

このように選挙を媒介にして、首長は住民に対して直接の政治責任を負い、住民は首長に対して責任を問う権利を有しています。この首長と市民の直接的な関係性を問わなければ、自治体における民主主義のあり方を正しく理解することができません。繰り返しますが国と自治体では政治・行政の原理が、したがって民主主義の制度の原理が異なるのです。この点をきちんと理解すれば、行政基本条例であっても、政治・行政の主権者としての住民の権利はもとより、首長ないし首長が統括する行政に対する住民の権利を規定することができます。

では、首長はどのように住民に対して直接の責任をとるか、また住民はどうすれば首長の責任を直接問えるのか、ここが最大の問題です。けれども、法律上の制度では、住民は、四年に一度の選挙か解職の請求という極端な方法でしか首長の責任が問えません。また、首長が住民に対して責任を果たすための日常の行政の進め方についても具体的な定めはありません。つまり法律上は、首長選挙のあとは、四年間のお任せ民主主義か極端な首切り民主主義しかなく、日常的な参加民主主義はまったく保障していないわけです。

このように首長と住民にとって、日常的に使えるような、法律上の民主主義の制度がないために、自治体は、情報公開、市民参加、政策評価などの様々な制度を、必要に迫られて、法律の外で自主的に開発してきたわけです。こうして様々な制度開発によって行政運営のルールができると、これは自治体の職員が踏まえるべき仕事のルールでもありますから、職員がこれを遵守して政策活動を行えば政策の質は向上しますし、またそのことによって住民に対する首長の責任が実質的に果たされることになります。

以上述べたように、自治体の首長と行政の権力の大きさに着目し、同時にその権力の源泉が住民の直接信託にあることを確認すれば、行政基本条例ではあっても、知る権利、参加の権利、住民投票請求権など、住民の権利を具体的に規定することができます。そして議会に関する事項は入りませんが、工夫次第で、限りなく自治基本条例に近い行政基本条例を制定することができます。

こうして行政運営の制度や原則が体系化されれば、それは住民、首長、職員にとってのみならず、議会にとっても大きな意義を持ちます。議会の本来の任務の一つである行政監視機能は格段に果たしやすくなるでしょう。なぜなら、行政基本条例は、議会が行政を監視する際の、またとない格好の評価基準、監視基準となるからです。そのためにも行政基本条例で規定する制度や原則はできるだけ具体的でなければなりません。

(4) 行政基本条例の五つの基本論点

次に、行政基本条例の全体の構成あるいはそれに則して条文を作成するに当たって、踏まえておかなければならない五つのポイントを指摘します。

① 法律上の制度と独自の制度を区別する

行政基本条例は、行政運営における基幹的な制度とそれを創設するに際しての原則的な考え方を体系的に網羅するものですが、この場合〈基幹的〉とは何でしょうか。いわばどのような制度を行政運営における重要な制度として行政基本条例に取り入れるかという問題ですが、これについては後に述べることにして、まずここで明確にしておかなければならないことは、法律とくに地方自治法上の制度の問題です。

地方自治法には自治体の組織や運営に関して代表制度をはじめとする、自治体の基幹的な制度が多々規定されています。行政基本条例に自治体の行政運営に関する基幹的な制度を網羅するなら、(A)自治体の自前の制度のみならず、これら(B)法律上の制度も含まなければなりません。そうすることで全体像が明らかになるというメリットがありますが、逆に条例のボリュームが膨大になるというデメリットが生まれます。それに現段階では重要な意味を持つ(A)(B)の区別も非常に複雑になります。そこで私たちは、対象とする基幹的な制度を基本的に(A)の自前の制度に限定することにしました。

このことによって、自治体が何を重要な制度と考えているかが明白になります。

② 行政基本条例に道民の権利を明記する

第二の問題は行政基本条例の性格に関する問題です。北海道は行政運営に必要な重要な制度を積極的に制定し、その上にたって行政基本条例を制定するという点では、おおかたの認識は一致します。けれども、行政基本条例をこれらの個別の〈行政の制度〉の一覧表、ないしは索引のようなものとして考えるか、それとも(3)で述べたように〈道民の権利〉の制度化を含めてより立体的、体系的に考えるかによって、行政基本条例の性格、内容、構成は大きく異なってきます。

当然のことではありますが、私たちは後者の考え方に則して条例案を検討しました。すでに述べたように、道行政が知事選挙によって道民の直接信託の上に成り立ち、その行政を律する基本的なルールを確立するのが行政基本条例であると考えるなら、道民の権利や道民の参加を基礎にした、いわば自治基本条例に近い内容を持つ行政基本条例を制定するのは自然の成り行きです。私たちは、このような考えにたって行政基本条例の目的、理念、制度、原則を検討し、この条例を道民の総意によって制定すべきことを提案しました（同前文）。

③　行政基本条例に具体的に原則を明記する

第三は、行政基本条例で制度や制度創設のための原則をどの程度具体的に規定するかという問題です。これについては、道はすでに基幹的な制度を個別の条例などで定めているので、同じことを行政基本条例で重複して規定するのは、屋上屋を重ねることになり、また条例間の対等な関係からいって好ましくないという俗説があります。

この意見に従えば、行政基本条例は理念だけの非常に抽象的な条文の条例になってしまいます。前に述べたように、これではほとんど制定する意味がありません。また重複規定が問題だとするなら、行政基本条例が制度の原則を具体的に規定すれば、その原則に基づいて条例で個別の制度を創ることはできなくなります。そんな馬鹿げた理屈は許されません。私たちは、制度の原則は必要なら行政基本条例と個別条例に重複して書くべきだと考えました。というのは、

ひとつは、行政基本条例に盛り込む制度や原則が、道民、知事、職員、議会によって共有され

る制度や原則であるためには、その全体が常に誰に対しても具体的に見える構造になっていなければなりません。そのためには重複であっても個別制度の基本原則は行政基本条例に書く必要があります。また重複して規定したとしても法的な問題が生じるわけでもありません。

もうひとつは、行政運営の基本的な構造が明らかにされることによって、多数存在する個別制度の複合的な活用が促され、それによる相乗効果が期待できるという意義があります。個別の制度がバラバラに存在するだけでは、それが優れた制度ではあっても単独でしか使われないが故に効果があがらないといった例は枚挙に暇がありません。このことは条例案の第3条第2項で規定していますが、やはり理念と体系のもとに個別制度を位置づけ、その上で個々の制度の原則を具体的に定めることが大切です。

④ 行政基本条例は三つの制度類型を含む

行政基本条例には個別制度の原則を具体的に書くべきだと述べましたが、では行政基本条例のなかでとりあげるべき個別の制度は、どのように考えるべきでしょうか。また、ある程度個別の制度ができていなければ行政基本条例は制定できないとも述べましたが、これとの関係はどうなるのでしょうか。これらの問題を整理するためには、行政基本条例には次の三つのパターンに属する個別制度が含まれると考えておかなければなりません。

第一は、すでに条例などで制度化されているもので、かつそのレベルが高いため、いまのところほとんど修正なしでその原則を行政基本条例に書き込むことができる制度です。例えば、北海道情報公開条例（条例案第10条）、北海道政策評価条例（同第17条）などがそれに相当するでしょう。

第二は、すでに制度化されていますが、内容的をもう少しレベルアップした方がよいと考えられる制度です。行政基本条例が制定されると、そこで規定したあるべき原則と修正を要する個別の制度（条例）が並存する状況が発生しますが、これは基本条例制定後できるだけ早い機会に個別の制度のほうを修正すればよいでしょう。例えば、北海道行政手続条例（同第25条）、北海道苦情審査委員に関する条例（同第26条）などです。また従来要綱のような形で進めていた審議会改革（同第23条）や関与団体との関係のあり方の見直し（同第24条）なども この部類に属します。

第三は、行政基本条例に根拠を置いてまったく新しく創設する制度です。私たちの条例案でいえば、例えば、道民・市町村の参加条例（同第10条）、道民投票の制度化（同第11条）、職員の報告（同第28条）などがこれに当たります。

このように行政基本条例に盛り込むべき制度を三つに類型化したわけですが、第一と第二の類型に属する制度が多ければ多いほど、行政基本条例は制定しやすいことがこれで理解できるでしょう。また行政基本条例には具体的に個別の制度の原則をきちんと書くべきだと述べたのは、これが抽象的な規定なら、上に述べた第二、第三のような類型に属する制度の改革の方向が見えてこないからです。個別の制度を積み上げてきた北海道ですが、よく見ればまだまだ不十分な点があるわけで、行政基本条例はそれらを着実に改革していく道標にならなければなりません。

⑤ 行政基本条例に最高規範性を明記する

最後の論点は、行政基本条例に最高規範性を規定するか否かの問題です。私たちの条例案では「この条例に違反する条例、規則の制定その他の行為をしてはならない」（同第33条）と、行政基本条例が最高条例であることを明快に規定しました。

これについて難しい議論をする向きもありますが、私たちは、それほどの問題とは考えません。行政基本条例は、北海道が自由に創設する制度であり、またその内容が憲法や法令に抵触するわけでもありません。北海道が立法自治権を行使して制定する行政基本条例に、自らの意思で最高規範の地位を与えても、いかなる法的問題も生じません。

憲法や地方自治法が承認する自治体の条例は、条例の名においてすべて形式的効力は同一であり、したがって条例間に上下関係を設けることはできないという、まことしやかな説が見受けられます。つまり条例間の有効な関係の形成に意識的に目を閉ざし、その並列性を強調するわけですが、これは法理論というより、縦割・分散のタコツボ行政を是認するイデオロギーといってよいでしょう。こうした行政を是正し、行政運営の理念、原則を明確にすることによって、諸制度を立体的、体系的に組み立て直そうというのが行政基本条例です。

したがって、その要となる行政基本条例が北海道の行政運営に関する法（条例・規則）において最高規範性を有するのは当然のことです。条例間の「上下関係」という表現が気になるのであれば、条例間の「相互関係」といい換えればよいでしょう。そうした関係は国の法律間にはいくらでもあることです。まさに個別の制度と制度の相互関係あるいは制度と制度が連動して動く仕組みを持つことが行政基本条例の生命線になります。私たちの条例案では、第3条第2項（制度の複合的活用、相乗的な効果）をはじめとして、個別の制度に関する条項でもそのことの重要性を繰り返し規定しています。

3　都道府県の行政基本条例も北海道から

北海道では、ニセコ町が二〇〇一年四月一日から「ニセコ町まちづくり基本条例」を施行しました。一口に自治基本条例といっても、名称や内容はまちまちですが、ニセコ町の基本条例の制定は全国で初めての試みで、大いに注目されました。快挙というべき素晴らしい営為でした。これが契機となって自治基本条例の制定をめぐる動きは全国で活発になっています。北海道においても市民参加条例を制定したり、自治基本条例の制定をめざす自治体が増えています。

こうして分権時代の自治にとって自治基本条例ないし行政基本条例の制定は不可欠とする認識が深まりつつありますが、市町村レベルで、その基本条例時代の幕を開けたのがニセコ町でした。そしてそれに続いて今度道が行政基本条例を制定すれば、都道府県で最初の試みとなります。日本の地方自治の発展にとって大きな可能性を開く行政基本条例の制定が、市町村、都道府県ともに北海道の自治体が先鞭をつけることは道民にとっては大きな誇りです。ぜひともレベルの高い北海道行政基本条例を制定したいものです。

4　道民投票の制度化だけが目標ではない

その条例の質を考えるとき、道民投票の制度化だけが行政基本条例の課題ではないということを、よくよく認識しておく必要があります。私たちは、行政基本条例において道民投票さえ制度化されればあとの問題はどうでもよいという認識が支配的になって、行政基本条例全体の議論がおろそかになることを一番恐れています。不幸にして、もしそのような気配が濃厚になるとすれば、そのときはいさぎよく行政基本条例の制定を断念して、道民投票の制度化に特化した道民投票条例を制定すべきです。

もちろん道民投票の制度化は重要なテーマであり、行政基本条例を制定する以上その制度化は当然のことです。私たちの条例案でも、単に「道は、道民投票を実施することができる」という抽象的な規定ではなく、道民も権利として道民投票の請求権を持つように設計してあります（同

第11条第3項)。今日の問題としては、もはや道民投票を制度化するか否かの選択ではなく、どのような内容を制度化するかが問われているのです。

私たちがここで強調したいのは、この道民投票と同じ重さで他の制度も検討されなければならないということです。こうした見地から、私たちは、これから道が作成する条例案が、バランスのとれた全体の構成と具体性に富んだ各論を備えた案になることを期待しています。北海道が行政基本条例を制定すれば、それは次なる制定をめざす都府県の参考に供せられます。北海道発の行政基本条例は、それに耐え得る水準でありたいものです。

5　道民参加を経て行政基本条例の制定を

道政と道民にとって行政基本条例の制定は歴史的な大事業です。道がそれを制定するところまでこぎ着けたことは、率直に評価しなければなりません。けれども、それだけの大事業にしては、道の熱意がいまひとつ道民には伝わってきません。私たち道民の手元には道が五月にパブリックコメント用に発表した、きわめて概略的な「検討案」しかありません。これでは道が十分な説明責任を果たしているとはいえません。

道は九月議会に条例案を提案する予定と聞きますが、案の作成にかかる道民参加の予定などはまだ発表されていません。私たちは、本来の自治基本条例ならその制定自体を道民投票の対象にすべきだと考えますが、それに近い内容を持つ行政基本条例が、道民的基盤を欠いて進められてよいはずはありません。いま率直にそのことを心配しています。

もし十分な手続きを踏むための時間的なゆとりがないのなら、九月議会での成立にこだわる必要はまったくありません。道民参加のような大切な事柄を制度化しようとする行政基本条例が、道民参加を抜きに制定されるのは画竜点睛を欠くものです。行政基本条例に定める行政運営の制度や原則は、行政基本条例の制定過程においても事実上適用されなければなりません。制度を創るときの精神が健全でなければ、制度を活かす精神も健全には育ちません。

ともかく拙速は避けるべきです。最初に述べたように、私たちの条例案が今後の議論に役立つことを願ってやみません。

北海道行政基本条例案の構造

前　文

21世紀の北海道　信託と補完性の原理　自律的な行政体制　理念と原則の確立

目　的（第１章　総則　第１条）

民主主義の実現　政策の質の向上　地方自治の本旨の実現

理　念（第１章　総則　第３条）

情報の公開と共有　道民と市町村の参加　多様な主体との協力　行政の政策活動の原則　行政組織と職員政策　公正と信頼の確保

複合的な制度活用　分かりやすい制度

制度と原則（第２章－第７章）

第２章　情報の公開及び共有
- 道民の知る権利（第４条）
- 行政の説明責任（第５条）
- 個人情報の保護（第６条）

第３章　道民及び市町村の参加
- 道民の参加権（第７条）
- 参加機会の保障（第８条）
- 市町村の参加（第９条）
- 参加条例の制定（第10条）
- 道民投票（第11条）

第４章　多様な主体との協力
- 市町村との関係（第12条）
- 他の自治体との関係（第13条）
- 国との関係（第14条）
- 国際交流（第15条）

第５章　行政の政策活動の原則
- 総合計画等（第16条）
- 政策評価（第17条）
- 財務会計（第18条）
- 法務体制（第19条）

第６章　行政組織及び職員政策
- 意思決定（第20条）
- 組織編成（第21条）
- 職員政策（第22条）
- 審議会等（第23条）
- 関与団体（第24条）

第７章　公正及び信頼の確保
- 行政手続（第25条）
- 外部監査（第26条）
- 苦情処理（第27条）
- 職員の報告（第28条）
- 公務員倫理（第29条）

責　務（第８章　道民、知事及び職員の責務）

道民の責務（第30条）　知事の責務（第31条）　職員の責務（第32条）

最高規範性（第９章　最高規範性及び見直し手続）

最高規範性（第33条）　見直し手続（第34条）

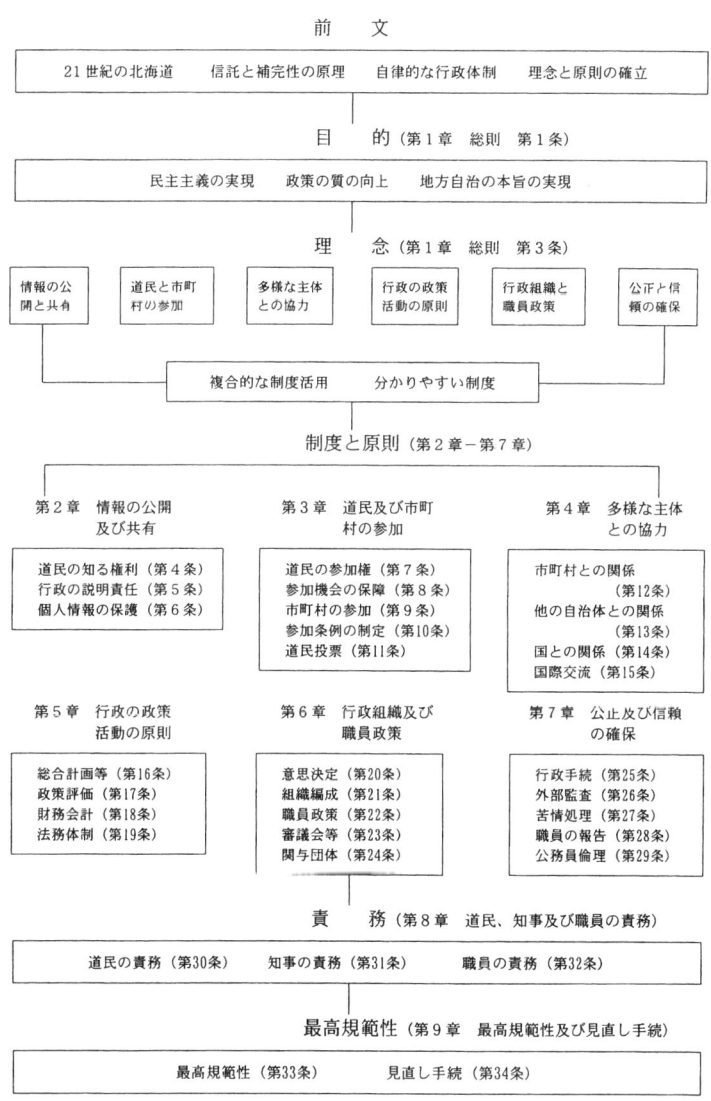

Ⅱ

《鼎談》北海道行政基本条例の制定

―その意義と今後の課題を考える―

出席者・・神原　勝（北海道大学大学院法学研究科教授）
佐藤克廣（北海学園大学法学部教授）
辻道雅宣（北海道地方自治研究所主任研究員）

1　北海道行政基本条例の印象

［辻道］　本日は、今年五月から今日のテーマである行政基本条例の検討を進めてきた「自治基本条例研究会」のメンバー三人で鼎談を行います。

六月一〇日のパブリック・コメントの期限には間に合いませんでしたが、八月に研究会が作成した行政基本条例案をコメントをつけて道に提案しました。当初、研究会として条例案をまとめるつもりはありませんでしたが、パブリック・コメントで示された道の行政基本条例検討案を見て、そのあまりにも抽象的な内容に愕然とし、一気に条例づくりの作業に入っていきました。

「北海道行政基本条例」は、第三回定例道議会（九月一八日開会）に道が提案し、議会最終日（一〇月一〇日）に全会一致で可決され、本日一〇月一八日に公布、施行になりました。同条例の施行日に行うこの鼎談は、非常に因縁めいたものを感じる一方で、研究会としては一つの節目に行う総括会議のような雰囲気もあります。

条例の内容を議論する前に、今回制定された北海道行政基本条例を見て、どのような印象を受けたか、それぞれお聞かせ下さい。

［神原］　道の行政基本条例が制定された今、私個人の率直な印象は、「非常にもったいないことをしたな」というものです。都道府県レベルでは初めての意義ある行政基本条例であり、またそれ相当の水準の条例をつくれたはずですが、それには及ばない点があったからです。

北海道が都道府県レベルで初の行政基本条例を制定できることについては、私は次の二つの意味で期待していました。

一つは、道はこの七年間、情報公開、政策評価、総合計画の策定、オンブズマンといった、行政運営の基幹的な制度について、非常にレベルの高い個別改革を進めてきました。改革によって積み上げげられてきたそれらの制度は、行政基本条例の各論に相当するものです。大方の各論が出来ていたのですから、行政基本条例をつくることで、総合化・体系化し、制度を互いに連動させて、相乗的な効果を発揮させることができたはずです。制度改革を積み重ねてきた北海道なればこそ、レベルの高い行政基本条例の策定も可能であったということです。

もう一つは、行政基本条例とは、行政の運営に関わる自前の基幹的な理念、制度、原則を定め、行政並びに行政と住民の関係を律するために制定されるものです、したがって議会のあり方に踏み込むものではないので、知事のリーダーシップさえしっかりしていれば、レベルの高い行政基本条例を制定できると考えていました。しかし結果として、行政基本条例を否定的に考える自民党と早々と妥協してしまったため、レベルを維持できませんでした。

以上の二点から考えると、道の行政基本条例は具体性に富んだ素晴らしい内容のものができると想定していたのですが、結果的には、非常に抽象的な内容に終わってしまいました。言い換えれば、出来上がった条例は「行政基本条例」ではなく、「行政理念条例」だったということです。北海道行政基本条例は、少なくも現段階では非常に抽象的で、かつ行政基本条例としての基本的な要件も満たしているとは言えません。北海道なればこそ、高いレベルのものがつくれると考えていただけに、今は残念でなりません。

［佐藤］　今年五月にパブリック・コメントのたたき台として出された道の検討素案を見たときの私の第一印象は、どうしてこの程度の内容で、最初で最後のパブリック・コメントにかけられるのか、というものでした。なぜなら、項目はあっても、その項目をどうするか、その中身が全く書かれていなかったからです。これが、とりあえずこのような骨子で検討しているので意見を述べてほしい、というのならわかります。ところが、道庁側は、あの内容で意見をもらい、条例案は自由につくりますということだったわけです。これでパブリック・コメントを出すよう言わ

れても、どんなスタンスで何をコメントすればいいのか、コメントがどのように活用されるのか、わかりません。それで結局私たちは自ら試案まで作ってしまったのですが、われわれがあの検討素案に何らかのコメントをしようとするなら、対案をつくって提出するしかなかったと思います。

日本全国の多くの市町村では今日、地方分権の流れに沿って、行政基本条例に限らず、例えば住民参加や情報公開に関する制度などが続々と整備され、その水準も上がってきています。そういった動きを牽引しているのは実は道内の自治体なのです。北海道に暮らしている私たちには普段感じられなくても、他府県に視察に行ったときなど、逆に北海道の状況を教えてほしいと言われます。道が都道府県レベルで初の行政基本条例をつくるならば、他府県の人たちが見ても、「さすがは北海道だ」と頷けるような水準のものをつくることが道及び道民に課せられた課題であると思っていました。けれども、神原さんもおっしゃったように、今回制定された道の行政基本条例は抽象的なレベルで終わっており、残念ながらそこまでの水準には達していないように思います。

こうした理念中心の体裁を持った条例については、全くの無意味とまでは言いませんが、理念を並べるだけで果たして、道行政の中にある様々な行政水準のムラが高いレベルの方へ平準化されていくのでしょうか。私は道の政策評価委員会の委員を務めている関係で、道庁の各部局のいろいろな評価調書を目にしますが、各部局、各担当者間に行政水準の差を感じることが多々あります。行政基本条例にはそういった行政水準の差を高いレベルの方へ合わせていく機能が備わっていないといけないと思うのですが、今回成立した条例には、そういった効果は望めないと思います。

［神原］　堀知事の議会答弁を見ると、私たち研究会と認識が共通している部分もありました。それは、「過去七年間、苦労して道政改革を積み重ねてきたからこそ、行政基本条例の制定も可能になる」との認識です。私はこの部分は北海道にとって非常に大切な問題なので、はっきりさせておく必要があると思います。

一般的に都道府県の評価になると、改革が進んでいるのは三重県と宮城県しかないように言われる傾向があります。これはメディアの認識不足であり、また北海道の発信力不足、さらには優れたものを自己発見できない自虐的な北海道観によるものですが、実態は違います。北海道がこの七年間に積み重ねてきた道政改革のレベルは、もっと高く評価されて然るべきものです。総合的な改革は群を抜いています。

私たちの研究会の試案を発表した時にも強調したように、制度改革の積み重ねがあってこその行政基本条例です。今回の議論を通して、北海道の自己認識が正しい方向へ変わっていく契機になるのではないでしょうか。制定された条例の水準の問題とは別に、そうした自己認識の変化が広がったという意味では、オール北海道としてはよかったと思います。

［辻道］ 改革の実践なくして行政基本条例の制定はあり得ないと思います。せっかくここまで改革を積み重ねてきたのに、北海道行政基本条例の中身が今回のような形になったのは残念です。

2 研究会案との比較から考える

［辻道］ 今回制定された道の行政基本条例は、私たち自治基本条例研究会が構想した試案とどのように違うでしょうか。二つを比較して、それぞれの考え方、全体構造、項目等の違いについて考えてみたいと思います。

道の行政基本条例を一目見て感じるのは、道民の権利性が全く欠如している点です。

［佐藤］ 研究会案は、道のつくる行政基本条例案の対案であるとしつつも、全体としては、自治基本条例を目指しました。議会に関する規定が入っていないので、完全な自治基本条例とは言

えないわけですが、自治基本条例になるべく近い行政基本条例を目指しました。それは北海道行政のトップである知事が道民の直接公選で選出されているということと関係します。これに対して今回成立した道の条例は、「基本」条例というよりも「行政」の部分に非常に強く引っ張られすぎているのではないかと感じます。

しかも、その行政の運営の仕方についても、従来からの道行政のルールをそれほど大きく変更しないで済まそうとしている傾向が見えます。研究会案では、道行政の不十分な部分、もう少し補うべき部分を積極的に付加しようとしました。この点が一つ大きな違いだと思います。

［神原］　今回制定された条例の抽象的な内容を批判して、私は先ほど「行政理念条例」という言葉を使いましたが、これを言い換えると、「行政の側からの一方的な理念宣言条例」になるかと思います。

行政運営の基本的なあり方を規定する行政基本条例ではあっても、行政側が自らのあり方を一方的に宣言する、あるいは自己拘束するだけでは不十分で、同時に市民を主体にした行政と市民の関係のあり方をも規定しなければなりません。ところが後者は欠落しています。これが「道民の権利性の欠如」につながっているわけです。

道の行政基本条例の内容には、総じて具体性がありません。基本条例に書かれた抽象的な個別の理念と、現存する個別の制度や条例がどこで接続しているのか、それすらわからない。

研究会案では、例えば情報公開の項目は情報公開条例との関係を、政策評価の項目は政策評価条例との関係を明確にしました。行政基本条例によって個別の制度を体系化するということは、個別の制度を相互に連動させるためですから、それには各理念に対応する個別の条例との関係を明確化することが欠かせません。

何であれ、理念や制度というものは、行政だけの所有物ではなく、住民と共有しないと意味がありません。道の行政基本条例もその例外ではなく、道民と共有しようと思うならば、もっと具体性を持った、誰にでも理解しやすい書き方をしなければいけなかったと思います。

もう一つは最高規範性の問題です。個別制度の連動的な活用を文言化する行政基本条例は、各個別条例よりも上位に位置する条例であることを明確にしなければいけません。そうすることの法的な障害は何もありません。

今回制定された条例は、残念ながら、「道民の権利」、「内容の具体性」、「最高規範性」という、行政基本条例の体裁として最低限満たすべき要件が満たされていないと思います。

［佐藤］　神原さんのおっしゃる三点にもう一点付加させてもらうとすれば、「固有性」の欠如です。条文の中で「道」と書いてあるところを、どこか他の都府県の名前にさし替えてもそのまま

通用するということです。これは「普遍性がある」という意味では優れているのかもしれませんが、どこの府県の条例なのかわからないのは問題です。

神原さんが再三指摘してきたように、行政基本条例の制定という作業は、過去七年間に行政改革を高いレベルで進めてきた北海道だからこそ可能なのです。そういう認識を道が本当に持っているのであれば、北海道が持つ他都府県よりも一歩進んだ各個別制度を、条例に具体的に盛り込むべきだったのではないかと思います。それらの制度の水準を損ねることなく盛り込めば、それがそのまま北海道らしさをアピールする最良のエッセンスとなったはずです。

その意味で、先ほども言いましたが、やはり今回できた北海道行政基本条例は、その名称のうちの「北海道」や「基本」の部分ではなく、「行政」の部分が強調された内容であると言わざるを得ません。

［辻道］　なぜ道の行政基本条例はこのような形になってしまったのでしょうか。制定に至る過程で、どのような検討がなされたかを考えてみたいと思います。

［神原］　行政基本条例が制定されると、その中に項目として盛り込まれる個別制度は、三種類に色分けされます。

一つ目は、すでに改革によって高いレベルに到達し、その制度や理念を、行政基本条例の項目としてそのままの形で活用できるもの。道の場合、具体的には情報公開条例や政策評価条例などがそれに当たります。非常に優れたものです。

二つ目は、すでに制度化されてはいるものの、行政基本条例の項目として活用するためには、レベルアップを図った方がよいもの。ここには行政手続条例やオンブズマン条例などが含まれます。

三つ目は、まだ制度化されておらず、行政基本条例の制定に際して、新たに付加しなければならないもの。例えば、道民投票制度、道民参加制度、職員の内部告発制度などが挙げられます。もし行政基本条例によって上記の二つ目、三つ目に相当する制度の存在が浮き彫りになれば、修正であれ、新設であれ、基本条例制定後にまた新たな改革が求められます。道はそこに踏み込みたくなかったのではないでしょうか。条文を抽象的に書いたのは、裁量の幅が広くとれますから、さしあたり説明だけはつけられるからでしょう。抽象的書き方に終始した背後には、すぐに次の改革に手を付けたくないとの思いが見て取れます。その意味では、今後の道政改革を強く促す行政基本条例にはなっていないわけです。

［辻道］　道に限らず、行政には従来のルールを変えたくない気持ちが強いと思います。以前、自治基本条例をつくりたいという自治体の検討会に行ったとき、個別の制度、政策を体系化、立体

化し、政策の質を高めるために自治基本条例を制定するのだから、個別の改革の蓄積がないと基本条例をつくるのは難しい。さらに個別の制度が制定した基本条例のレベルに達していなければ、現行の条例の多くを改正しなければならないかも、と話したところ、職員は皆驚いていました。

一方、道が本当にこの条例を真剣に、前向きに考えていたのかと、やや穿った見方をしています。行政基本条例は今後の道政を切りひらくのに大きな影響を及ぼすものですが、その割には道に意欲が足りなかったように思います。

［神原］　道職員の間には、十数年前に「世界食の祭典」が失敗したときに、「何かすれば失敗する。失敗して批判されるくらいなら何もしない方がいい」という後ろ向きの姿勢が道庁に蔓延したことがありました。九五年に大規模な「道庁不正経理事件」が発覚したとき、この少し前に道政改革がスタートしたのですが、私は道職員の意識の萎縮をいかに防ぐかということに重点を置いて改革案をつくりました。つまり、制度改革は中途半端なレベルで妥協せず、一流の制度に改正したり、一流の制度を創設しよう、ということです。そしてこれが功を奏したと考えています。というのも、実際に道職員の口から「レベルの高いシステムを持っているから、全国会議などで他府県の職員に出会っても、北海道は鼻が高い」との声をよく聞くからです。そこまで道職員が誇りを持てるようになったことは、道政改革の大きな収穫の一つであったと思います。

このように道職員の意識は前向きな方向へ変わってきています。冒頭でも言いましたが、あとは行政のリーダーたる知事が、もう少し踏み込んでくれれば、行政基本条例の制定によって、さらなる誇りを職員に与えることができたのではないでしょうか。

［佐藤］　知事なのか、担当職員なのか、具体的に誰の意欲が足りなかったのか特定するのは難しいのですが、大事なのはやはり知事のイニシアティブであると言わざるを得ないと思います。知事のイニシアティブと言っても、それは知事が職員の作業を何から何まで指導せよと言っているわけではなく、行政のリーダーとしての知事には、作業の進捗状況の確認や、時機を見た知事自身の意見の提示、職員から上がってくる案に対する応答など、その程度の配慮はあって然るべきだ、という意味です。そういった知事の行動が今回の場合はあったのか。結果から判断すると、恐らくはなかったのだろうと推測せざるを得ません。あるいは、知事自身が、公約には載せたものの、基本条例の重要性を確認できていなかったのかもしれません。

行政基本条例の制定に向けた道の取り組みは「行政基本条例検討懇話会」を設置するなどの動きがあったので、外部から見ていると積極的であるように見えました。また、道内ではこの間、市町村レベルで、「ニセコ町まちづくり基本条例」や「石狩市行政活動への市民参加の推進に関する条例」の制定をはじめ、道にとっても追い風となるであろう、自治体の政策法務の実践例も出てきていました。そういった諸々の状況から考えると、道のつくる行政基本条例案は相当レベルの高いものが出てくると予想していたところが、実際に出てきたのは、今年五月のパブリック・コメント検討素案でした。これでは道には行政基本条例を制定しようという意欲はなかったのではないかと疑うほかありません。

［神原］　行政基本条例の制定は堀知事二期目の選挙公約の一つです。とすれば、今日まで三年半が経過しているわけで、準備しようと思えば、十分な準備期間はあったはずです。北海道自治政策研修センターが二年前に『行政運営の基本原則に関する研究』というレポートをまとめ、最近でも、私も委員に加わりましたが、道の「行政基本条例検討懇話会」で議論もしてきました。しかし、それらの成果が道の条例案づくりに十分反映されていたとは思えません。折に触れて行政基本条例を制定するとは言いつつも、その内容について、時間をかけて詰めてきた形跡はほとんどなかったと言えます。

それから、行政基本条例の制定をめぐる議論の焦点は、「道民投票制度の扱い」に置かれました。私たちはそうなることを恐れていたのですが、つまり、行政基本条例に関する議論が道民投票制度の扱いに関する議論にすり替わり、この部分だけに道、道議会、マスコミの関心が集中しました。これが行政基本条例の本来的な意味を見失わせる原因になったと感じます。

［佐藤］　新聞報道の関連記事を見ると、ほとんどすべて、道の行政基本条例案の前には枕詞として「道民投票を盛り込んだ」と書かれていました。しかし、この程度の規定を盛り込んだからといって、「別に条例で定める」としているにすぎませんから、道民投票制度が何らかの具体性を帯びることはなく、法律論的には何も定めていないのと同じです。この間の道民投票制度の扱いに対しては、道民投票制度を条例で定めることについての正しい認識が、知事サイド、道庁サイド、道議会ばかりでなく、マスメディアにもなかったと思います。神原さんもおっしゃるように、ただ道民投票という文言の有無だけに引きずられて、肝心の行政基本条例のイメージづくりが疎かになったのではないかと思います。

［神原］　パブリック・コメント検討素案が示されたころの話ですが、私はある道職員に「行政基本条例と言っても、道民投票さえどこかに入っていればいいんでしょう？」と言われたことがありました。これに対し、「日常的に道の行政活動、政策活動において使われる制度の質を高めていくのが行政基本条例の目的なのだから、道民投票以外の制度の方が大事なのであって、道民投票についてはプラスαの問題くらいの重さで捉えた方がいい」と答えたところ、その職員は「えっ」と驚いていました。

このエピソードに象徴されるように、「道民投票の文言さえどこかに入っていれば、行政基本条例は成功だ」との認識が道にはあったのではないかと思います。こうした認識を持っていたのは、佐藤さんも先ほどおっしゃったように、すべてのメディアがそうでした。これではまっとうな世論は起こせません。

［辻道］　道の内部でも、行政基本条例の具体的なイメージは浸透していなかったようです。研究会案を見て初めて行政基本条例とはこういうものと理解することができた、との声も少なからず聞きました。その意味では、知事からの明確なメッセージがなかったため、十分に庁内で検討しきれなかったのではないかと思います。

一方で、道議会への対応が大きく影響したのではないでしょうか。道民投票は議会軽視と反対する自民党と、道民投票の制度化を求める民主党が対立していました。今回、道民投票規定があってもなくても大差ないような書き方になったのは、対立する両会派の主張のどちらにも折り合えるように書いたからだと思います。

［神原］　道民投票について今回制定された条例が触れている程度のことであれば、「道民投票を制度化した」などと誇れるものではありません。

知事は先般の議会答弁で、「現行の法制度の下では、住民投票の実施を望むならば、住民は直接請求制度によって請求でき、議会は条例の制定権を持っているので住民投票条例が制定できるし、知事も議会に対して住民投票条例の制定を提案できる」という趣旨の発言をしていました。これはつまり、住民、議会、知事の三者は、行政基本条例の有無にかかわらず、現行の法制度の下で住民投票の実施を提案できると言っています。その上で、「今回、行政基本条例の中に道民投票規定を設けたのは、知事が道民投票を行う場合の手続きを明確化するため」としていました。つまり、知事が住民投票を行う場合、議会に条例を制定してもらいますということを確認しているだけです。これは制度化とは言いません。

［佐藤］　これだけの条文でそこまで言えるのでしょうか。

［神原］　これを規定することで何か新しいことが生まれるのかと言えば、何もないとしか言いようがありません。

［辻道］　それは他の項目についても言えますね。

［神原］　他の項目の書き方も、道民投票の書き方に合わせたように見えます。

［辻道］　そうした制度化の意味を持たない条文の書き方が典型的に現れている一つが、財務会計運営の規定（第九条）です。ここに書かれてあることは、あらためて規定しなくても、行政がつくる財政関係の資料の中では以前から繰り返し言われてきたことです。条例に盛り込む意味がどこにあるのか、これによって何が変わるのか、全く見えません。

〔神原〕　おっしゃるとおりです。第一項に「健全な財政運営を行わなければならない」とありますが、これは自治体の財政運営のあり方として当たり前のことです。どのように財政運営の健全化に努めるのか、その制度と原則を書かなければなりません。肝心の部分が抜け落ちています。

〔辻道〕　アカウンタビリティとは、行政の説明責任として用いられていますが、これからの自治体運営は、アカウンタビリティ本来の意味である財務責任を果たすことが強く求められていきます。そのためには、財政運営等の規定をしっかりつくっておかないといけません。研究会案の財務会計規定は、特段新しいことを求めているわけではなく、十分不十分はあっても現に道が手がけていることを修正し、財務責任を果たせるものにしようというものです。

〔神原〕　私たちの研究会案は、多くの部分は現に存在している道の個別制度を吟味し、それらに基づいてつくりました。だからこそ、先ほど述べたような「そのまま活用できるもの」、「修正するべきもの」、「新規に付加するもの」という個別制度の色分けができたわけです。

〔辻道〕　研究会案では最高規範性を明確に規定しています。これに対して、道の基本条例では最高規範性を規定した条文はありません。ただ、前文の中に「…道政運営の全般にわたる指針として、基本となる理念及び原則を明らかにすることにより…」と書いてあり、ここから何とか最高規範性を読みとれるかもしれませんが。

［神原］　これは最高規範性ではなく、リップサービスです。これを最高規範性に読み替えるのは無理です。物事を及び腰の姿勢で解決しようとするから、結論がうやむやになってしまうのです。

［辻道］　最高規範性を規定できなかったのは、条例間に上下関係を設けられない、との認識があったからだと聞いたことがあります。しかし、環境、農業などの政策分野では基本条例と個別条例をつくり、条例間に上下関係を設けて運用しています。

［佐藤］　国の法律の間にも、明確に示されているとは言いませんが、上下はあります。例えば、二〇〇一年から施行された中央省庁再編に関わる一連の法律改正で内閣府が設置されました。従来の総理府のようなものだという見方もありますが、総理府は国家行政組織法に規定された国の行政機関でしたが、今回の内閣府は国家行政組織法の枠外として独立の内閣府設置法によって設立されています。一方、総務省をはじめとする他の省は、いったん国家行政組織法にその設置が規定されてから、各省設置法がそれに基づいて制定されているという違いがあります。つまり、総務省設置法などの各省設置法は、国家行政組織法の下位に位置付けられた法ということができます。したがって、同じ「設置法」という名称がついていても、内閣府設置法とその他の各省設置法とは位置付けが違っているということができます。これは内閣府が内閣直属として

単なる行政組織ではないとされたからで、国家行政組織法によって規定される他の行政組織よりも一段高い位置付けが内閣府設置法によってなされているわけです。

このように、現実の法の構造から見れば、法律間に上下関係が認められるケースは多々あるので、先ほどの「条例に上下関係を設けられない」との道の言い分は、行政基本条例を作らないための言い訳という感じしかしません。

［神原］　政策、制度に相互関係を持たせることによって、それぞれの効用を高めていくために行政基本条例は存在します。道が条例間に上下関係、相互関係を認めないならば、それは縦割り分散のバラバラ行政を道自らが肯定していることになります。行政基本条例は縦割り行政を脱却するための装置でもあるので、当然、最高規範性を与えないことにはその機能を十分に発揮できません。全く躊躇するような問題ではありません。

［佐藤］　道職員の人たちはよく「オール北海道」という言葉を使いますが、「オール北海道」とは縦割り行政を脱却しようという意味であり、そのための行政基本条例です。その行政基本条例に最高規範性を付さない道の姿勢は、自ら「オール北海道」を否定して、中央省庁の縦割り行政に依然追随していることを白状したようなものです。

［神原］　たとえ最高規範性を規定したとしても、長い時間が経てば間尺に合わなくなることも

あるでしょう。そういう場合には最高規範性そのものの中身を改正すればよいわけで、固定して考える必要はありません。

行政の縦割り体質は、理屈としては全く問題になりませんが、現実の行政の中では依然大きな力として働いているのでしょう。分権改革とは言いますが、今も昔もこの縦割りの分散体質は都道府県はほとんど変わっていません。

［辻道］　今回の場合は特に、担当セクションと文書課との間のやりとりで、そういった縦割りの影響があったようです。

［神原］　道の条例の第一一条に「法令の解釈等」という項目があります。分権の進展に伴い、自治体による自立的な立法権の行使が今後いっそう重要度を増していくのは間違いないのですから、自治体法務の整備は欠かせません。

しかし、この条文を見る限り、その意味が理解されていないようです。例えば第一項には「道は、地方自治の本旨及びこの条例の趣旨に基づいて、法令を解釈し、運用するものとする」とあります。重要なのは、そのためにどうするか、その制度と原則を書くことなのですが、肝心な部分は書かれていません。第二項にも同様のことが言えます。「法務」についての理解が十分でない証拠です。

［佐藤］　これは「法務」という言葉を使うことに躊躇したのでしょうか。

［辻道］　恐らくそうだと思います。

［神原］　道が条例案をつくる上で文書課がどのような役割を果たしたのかわかりませんが、もし文書課が条例の上下関係や相互関係といった部分に難色を示したとするならば、そういう文書課的法制執務のあり方自体が問われることになります。今回制定された条例の水準は、道の現在の法務能力の水準をも示していると見なければなりません。

［辻道］　もう一方で担当セクションが文書課と喧嘩してでも条例をつくろうという意気込みがあれば、また違った内容になったのかもしれません。

［佐藤］　私の限られた経験から言うと、確かに文書課は法令審査の過程でいろいろな注文をつけてきますが、担当セクションが本気になって取り組んでいるか否かで、条例の中身は随分変わってくるようです。今回の場合は、担当が頑張らなかったのだろうと判断せざるを得ません。

［神原］　担当セクションが頑張らなかったと言うよりは、担当セクションが参画していく形での条例案づくり、言い換えれば、職員参加の条例案づくりになっていなかったのではないでしょうか。

3　議会審議の経過を振り返る

［辻道］　ここで議会でどのような審議が行われたかに論点を移したいと思います。道は、議会が紛糾しないよう、各会派が合意できる着地点を見つけだすことに精力を注ぐように見受けられます。こうした対応が条例を抽象的な内容にした一因だと思います。

道が堀知事二期目の任期中、つまり二〇〇二年度中に行政基本条例を提案することは既定の方向でした。これまでの特別委員会や議会審議をみても、自民党は「個別の条例があるのになぜ基本条例が必要なのか、ましてや道民投票は議会軽視につながる」と反対していました。これに対し民主党は、選挙公約との関係や党自身の主張を以て、条例の制定には賛成していましたし、条例の制定を強く求めていました。

議会が始まってみると、道民投票についての議論は活発であったにせよ、条例そのものに関する議論はなく、各会派の政治的駆け引きや党利党略、堀知事三選問題などが基本条例の審議に大きく影響してしまったように感じます。

先般の議会審議を大まかに振り返ると当初、自民党は基本条例は必要ない、民主党は内容が不十分と、異なる考えから条例案に反対していましたし、民主党は修正案の提出も検討していました。ところが議会の会期中に民主党北海道が堀知事不支持を決めたため、自民党は一転条例案の賛成に方針転換しました。そして民主党は会派内の合意に苦心し、最後は会派の一体性を最優先に賛成となりました。議会前に十数項目の提案を出して道の条例案の修正を求めていた共産党も賛成し、結局、全会一致で可決されました。

行政基本条例はどうあるべきか、その点をめぐる議論がなく、その意味では残念だったと思う半面、議会で議論するにはこの条例は難しすぎたのではないかとも思います。

［神原］　道議会に行政基本条例そのもののイメージがほとんど浸透していなかったために、まともな議論ができなかった面は確かにあったと思います。これは道民にとっても、道職員にとっても、メディアにとっても同様に言えることです。だからこそ、もう少し準備期間の段階から意欲的に取り組まなければならなかったのです。

［佐藤］　議会の審議と言っても、道からの提案を受けて条例案が審議された過程と、その前段階として道が委員会に概略を示した過程がありますが、何れにせよ、議員の人たちは皆、行政基

本条例の内容について早くから知り得る立場にあったわけですから、もう少し真剣に議論してほしかったと思います。もちろん、先ほど辻道さんもおっしゃったように、行政基本条例というテーマにはわかりにくい点もあったかと思いますが、それは道側からの積極的なPRや情報提供が足りなかったためではないでしょうか。

［神原］　自民党の根本的な考え方は、「知事と議会との関係で道政は現にうまくいっているので、行政基本条例や道民投票制度のようなものを新たにつくる必要はない」というものです。分権や自治について基本的な理解がなく、またそういう認識でコト足れりとしている人たちに行政基本条例の何たるかを説得するのは容易なことではありません。

それでも、そういう勢力が議会の過半数を握っているために、「泣く子と地頭には勝てない」と言いますか、行政側もそのあたりを意識して、水面下の妥協に走り、彼らがのんでくれそうな志の低い案を出さざるを得ない。道に、志を高くしては議会は通過できないという悪習が出来てしまう所以です。

知事が道民の支持に基礎を置いて、議会勢力から自立した思考と行動の原理を貫かないかぎり、この悪循環は、これからも続きます。

［佐藤］　逆に言うと、道議会議員の大半が行政基本条例に対して深い関心を持っていなかった

とするならば、道側がそれなりの案を提示してさえいれば、さしあたり道民投票の部分は議論になったとしても、それ以外の部分については、議会の関心の低さの隙をついて、案外簡単に高いレベルのものを通せたかもしれません。

［神原］　先ほども言いましたが、道民投票以外の個別制度については整備が進んでおり、これを機会に多少の修正を施すべき制度がいくつか残っている程度ですし、道民投票はいわば不足部分を補うパーツの一つであるにすぎません。道がこうした認識を持って、戦略的に動ければ、もっとレベルの高い条例をつくれたはずです。

私たちが懸念したように、やはり今回は道民投票をめぐる議論に引っ張られすぎたのでしょう。しかし最終的には、議論の中心を占めた道民投票規定も制度化の意味をなさない内容になっただけでなく、それにレベルを合わせるかのように他の制度の内容もぼかされてしまいました。

新聞報道で見たのですが、自民党のある議員が「道民投票とはいっても、最後は議会が決定権を持っていることがよく解ったので、賛成に回る」と言っていました。つまり、「道民投票の実施について知事の提案があっても、議会が拒否すれば実施できない」との意味なので、状況は今までと変わらないし、その程度の制度なら、あっても構わないということです。何とも寂しい話です。

［佐藤］　それぞれの会派の事情もあるでしょうが、堀知事の三選問題と絡めて議論された部分は多分にあったように思います。

［辻道］　基本条例の本質的な議論とは異なる判断が作用したのは確かだと思います。先ほども触れたように、自民と民主の両会派は異なるベクトルで条例案に反対していたのが、一転して自民党が賛成に方針転換したその背景には、堀知事の三選問題に絡む両会派の駆け引きがあったからです。

［神原］　この間の民主党の動きの背景には、私たちが出した試案に触発されて行政基本条例に対する認識を新たにし、道案の充実を目指して努力した面はあるのかもしれませんが、結局は堀知事の三選問題など条例とは本来関係ない問題と絡め合わせて判断してしまったために、最終的な決定はわけのわからないものになったのだろうと思います。

行政基本条例とは、行政の基本的なあり方に関する規定であり、従ってそれは知事が誰であれ、議会の勢力分布がどうであれ、そういった政治的な利害に左右されるべき性質のものではありません。その意味では、統一自治体選挙の直前というこの時期は、この種の議論をするには相応しくなかったのでしょう。行政基本条例などは、そういったものから距離を置いたところで議論しないと、本当のものはできないという一つの教訓です。

［佐藤］　北海道でも「自主・自律」が盛んに言われている今日、議会の各会派の議員の方々が地方分権の時代をどのように理解しているのかを知りたいところです。

行政基本条例を制定する目的の一つは「道の政策の質をいかに向上させるか」です。議会会派の内部事情に振り回され、外からうかがい知れない根回し行政を行うのは全く論外であり、知事は知事なりに、知事を長とする道庁は道庁なりに、厳然と行政基本条例を道庁の政策の質を向上させる手法として提案しなければならなかった言えます。

これに対し議会は、反対するなら反対するで、政策の質を向上させるにはどうすべきか、実質的に議論しないといけなかったはずです。

地方分権の中で道の政策の質、もっと言えば、道民の暮らしをいかに良くするかという問題は、道庁だけに任せきりで上手くゆくものではないし、知事だけでは不可能です。道民参加はもちろんのこと、道議会の役割が大きくなってきます。というより、道議会の役割は第一次分権改革で機関委任事務制度が廃止されて以降、もう既に大きくなっています。議員の人たちには、機関委任事務制度があった頃の道議会と現在の道議会では、その果たすべき役割の重さが全く違うことを自覚していただきたいと思います。

［神原］　全国を見渡せば、最近の知事のあり方は、無党派知事、野党が議会の過半数を占める

知事、与党のない知事などが現れ、多様化してきています。こうした状況の中にあっては、知事と議会がそれぞれの基本的なあり方を踏まえないで、水面下で関係を結ぶ事態が続くと、行政は今後も不透明にならざるを得ません。

首長は、議会に対する責任ではなく、住民に対して責任を持ちます。首長を選ぶのは政党でも議会でもなく住民ですから、それは当然です。今回の問題でも、知事が自らの権力の源泉を常に意識しながら当たっていれば、もう少し主導権を握ることができたでしょう。

過去七年間の道政改革は道庁不正経理事件をバネとして進んできました。その意味で、これまでは道政改革に追い風が吹いていたかもしれませんが、これからは知事と議会の関係をクリアにしておかないと、制度を活かすことも、北海道の難題にチャレンジすることもできないでしょう。知事の立脚点を、道民との関係にするのか、議会の多数派との関係にするのか、それが知事には問われています。

［辻道］　そういう議論は、堀知事二期目に入って間もなくの頃に、何人かの道職員としたことがあります。これからの道政は、道民の世論に依拠して、知事対議会の機関対立の局面も出てくる可能性があり得ますね、と話したのですが、これまでの議会でのやりとりや、今回の行政基本条例の審議経過を見ても、そういった場面は見受けられませんでした。

〔神原〕　私は昨年五月に、「ガバナーズ・セミナー」という、知事、副知事、幹部職員を対象に、道庁のあり方についての講演をしました。その中で、行政基本条例の制定は、知事が党派に依拠した存在から道民と市町村に足場を置く存在へと転換するターニングポイントである、と説明しました。知事が真の意味で道民党・市町村党になる絶好のチャンスなのですがね。

〔辻道〕　行政の側も「議会与党」や「議会野党」という言葉を使っています。これは議員内閣制の発想がどうしても行政の議会対応の中で出てきてしまうからでしょう。逆に会派側にしてみても、与党であることは、知事・行政ぶら下がりを意味しますから、楽な半面、政策能力は一向に高まらない側面もあると思います。

〔神原〕　知事と議会の関係のあり方をめぐる問題は、なぜ一気に自治基本条例の制定まで行けず、行政基本条例止まりなのか、その点にも深く関係します。

自治基本条例は行政基本条例と議会基本条例が合わさってはじめて完成します。現時点で、片肺飛行のような恰好で行政基本条例しかつくれないのは、この七年間で行政の改革の積み上げは確実に行われてきたのに、議会改革、知事や道民と議会の関係の改革がゼロだったために他なりません。議会がこの状態ですから、私が常々主張している首長制民主主義の実現はますます大きな課題にならざるを得ないのです。

［辻道］　議会が終わってから、民主党は自治基本条例をつくるために、プロジェクトを立ち上げて検討することを公式に表明しました。先の見通しは別として、取り組みに期待したいと思います。

4　どんな効用が期待できるのか

［辻道］　道の行政基本条例が本日から施行されたことで、これからどのような効用があるのか、この点について考えてみたいと思います。

研究会の条例案のコメントでは、①住民にとっては、自治体の行政の仕組みや原則が明確になり、住民参加が促進される。②職員にとっては、政策活動のルールが明確になり、政策の質が高まる。③知事にとっては、基本条例という行政運営のルールを通じて、行政をコントロールすることが可能になる。④議会にとっては、基本条例が行政活動のチェックリストになり、行政の監視機能が高まる。以上、四つの効用を挙げています。

これらの効用が道の条例に期待できるかというと、内容が抽象的ですから、なかなか難しいのではないかと感じています。それでもあえて積極的に評価しようとすると、どういう効用が考えられるでしょうか。

［神原］ 研究会が掲げた行政基本条例の目的は、北海道における民主主義の実現と道の政策の質の向上ですが、それは辻道さんが今おっしゃった四つの効用を追求することによって可能になります。この効用が現実に力を発揮するには、最初の話に戻りますが、条例の内容が具体的でなければなりません。

例えば、議会が行政の監視活動を行う際に行政基本条例が果たす役割は、行政の活動、行政の政策活動が踏まえるべき基準を明示することです。議会はその基準に照らして行政を具体的にチェックできます。条例の内容が抽象的であれば、議会からの指摘に対して行政の側はいかようにも説明できるので、それでは真にチェックしたことにはならないでしょう。その意味で、議会にとっても、議会本来の機能を取り戻す上で、行政基本条例は大きな意義を持ちます。

今回制定された条例にはそこまでの効用は期待できません。しかし、せっかくつくられた条例ですから、知事がこの条例の使い方について、どのようなメッセージを道民、市町村、道職員、道議会に対して発するか、いま私はそれに注目しています。

［佐藤］　同感です。先ほどから何度か指摘されているように、今回できた条例は行政からの理念表明に終始しています。これを基に具体的に道政運営をしていくとすれば、知事のイニシアティブ、リーダーシップが問われてくるかと思います。

条例の文言を見ると、これで何かが変わるというよりは、概ね従来通りではないかと思います。その意味では、問題提起にあった効用があるかどうかと言えば、まだわからないと言わざるを得ません。神原さんがおっしゃったように、当面は実際にこの条例が運用されていく成り行きを見守るしかないのでしょう。ただ、理念だけの内容ですから、何をもって運用するのかわかりづらいのですが。

［辻道］　抽象的であるがゆえに、いかようにも解釈でき、変化よりも現状維持に傾きがちな行政の体質もあって、先ほど挙げた効用が出てくることはほとんどないと思います。場合によっては後退する部分も出てくるかもしれません。やはり理想や理念を高くし、また内容を具体的に記述していないと、思うような効用は望めないでしょう。

［佐藤］　例えば、「個人情報の保護」という項目に、「取扱いを適正に行わなければならない」とあります。ここだけ見るとその通りなのですが、「何をもって適正と言うか」、あるいは「適正に行うためには、どういった仕組みが必要か」といった部分をしっかりと考えていかないといけな

いと思います。「適正に行うための道民からのコントロール」などの観点も含めないと、本当の意味で個人情報の保護が適正に行われることはないと考えます。

以上のことは条例全般に指摘できることです。単純に「適正に行わなければならない」という類いの文言を置いただけでは規定としては不十分です。いかにそれを担保していくかの視点がないからです。あらためて、適正に行われているかどうかをチェックしていく必要があります。

［辻道］　行政基本条例とは、職員が仕事をしていく上での、いわばバイブルであり、この条例に依拠して仕事をしていることに職員が誇りを持てるようなものでなければならないはずです。今回制定された条例は、道職員が仕事をしていく上で常に依拠しうるほどの質の高さ、具体性を備えてはいないと思います。

［神原］　今のお二人の話は、基本条例と個別条例との連動がないために、なおさらそう感じられるのだと思うのです。

行政基本条例のつくり方として、それ自体が具体的に書かれてあるのがベストですが、ある程度抽象的な規定になったとしても、例えば「情報公開については、この理念に基づいて北海道情報公開条例に定める」などとして、基本条例の各項目が個別の制度や条例に具体的に結び付いていれば、まだいくらか効用は期待できます。

この部分は行政基本条例の本質に関係する非常に重要な問題だと思います。個別の制度はバラバラに存在しているがゆえに、行政運営のシステム全体のどの部分を担っているのか、なかなか見えないものです。個別制度を行政基本条例に登録することで、行政運営の全体像が見えてきます。

［佐藤］　この内容ですと、辻道さんがおっしゃったように、道職員がこの条例に則って仕事をすることには恐らくならないでしょう。言い換えれば、個別の情報公開条例や政策評価条例には従っても、行政基本条例は意識しないということです。

しかし、考えようによってはその方が良いのかしれません。この行政基本条例の中には、ものによっては各個別条例の規定よりも後退している部分もあると思われるからです。皮肉な言い方ですが、この行政基本条例を無闇に使われては困る場合も出てこないとは言えません。

［辻道］　議会や委員会の答弁の中でも、道は「今回の行政基本条例を出発点として、自治基本条例を検討したい」と言っていましたが、制定された行政基本条例の内容から考えると、自治基本条例に至るまでの道のりはかなり遠いのではないかと思います。

［佐藤］　最初の議論に戻るかもしれませんが、行政基本条例の策定にせよ、自治基本条例の策定にせよ、過去七年間で蓄積してきた道政改革の成果の持っている水準の高さが、それらの本来

的なスタートラインの引きどころだったと思います。今回の行政基本条例はそのスタートラインの位置を下げてしまいました。もっと先の方に引けていたはずのスタートラインをなぜあえて下げたのか理解できません。

［神原］　私も全く同感です。冒頭で残念だと言ったのは正にそのことで、北海道なればこそ、スタートラインをもっと先の方に引けたはずなのに、もったいないことをしたと思います。行政基本条例としてのスタートラインが下がっているからには、その何段階か先にある自治基本条例の制定には長い時間がかかるでしょう。

［辻道］　議会が今のままだと、自治基本条例を議論の俎上に乗せることさえ難しいのではないかと悲観的になります。北海道で自治基本条例は展望できるのでしょうか。

［神原］　自治基本条例の制定を展望するためには、その前にまず、議会並びに議会と知事の関係の基本的なあり方を規定した議会基本条例が考えられなければなりません。私たちの研究会としても議会基本条例の内容を検討しましょうか。半年もあればやれるでしょう。

［辻道］　仮にこの先、レベルの高い議会基本条例が制定されることになれば、今回制定された行政基本条例も相互作用でレベルが引き上げられるかもしれません。実現性は低いかもしれませんが、一つの戦略として考えられますね。

［神原］　首長と議会の関係は現実的に随分様変わりしてきています。それとの関係で、議会のあり方に関する議論も始まりつつあるので、私は来春の統一自治体選挙を境にして、議会のあり方について真剣に考えていこうという気運が生まれてくるのではないかと思います。

［佐藤］　第一次分権改革により、機関委任事務制度は廃止され、議会の役割は格段に重くなっていますが、その認識が議員にはないように見えます。制度上は現実にすでに変わっているので、議会には真摯に対応してもらいたいと思います。現実を見渡せば、道内の元気な市町村ではすでに、市町村議会議員による面白い取り組みも出てきています。道議会だけ安閑と従来通りの姿勢で止まっているわけにはいかなくなるでしょう。

［神原］　私たちの研究会がつくった北海道行政基本条例案は、どこの府県にも通用するものではなくて、北海道の行政能力の到達点を踏まえて、北海道ならではのものとしてつくっています。他府県には、全く行政基本条例をつくれないところもあるでしょう。また、行政基本条例をつくる能力がある府県が同条例をつくる場合でも、出来てくるものは北海道のそれとは違ってくるはずです。これから必要なことは、各自治体がそれぞれの実状とか力量に合わせてプラグマティックに経験を蓄積していくことだと思います。

今後、他府県で自前の行政基本条例を検討する際に、道の行政基本条例が参考にされていくことと思います。その際、私たち研究会がつくった試案も併せて活用してもらえれば、この夏の頑張りも少しは報われるというものです。

【佐藤】　やや皮肉な言い方をすれば、北海道行政基本条例には最高規範性は与えられていないので、この先いくらでも改正はできるはずです。

【神原】　今回の行政基本条例をめぐる様々な議論を通じて、北海道に自治基本条例を目指していくという認識がかなり広まりました。

【佐藤】　メディアに「行政基本条例」という単語が数多く並ぶようになっただけでもかなりの前進だと思います。

【神原】　その意味では、制定された行政基本条例の効用はあまり期待できなくても、私たちの提案を含めて、この間の一連の「行政基本条例問題」がもたらした効用はそれなりにあったのではないかと思います。

私が「行政基本条例」という造語とともにその制度を知事に提案してから四年たちますが、事態はここまで進みました。

【辻道】　議会という公式な場で「将来、自治基本条例を目指す」との知事の答弁もありました。

【神原】　そういう議論ができるようになった「北海道」をしっかりと評価しておくべきだと思

います。

［辻道］　ちょうどまとめとなる発言をいただきましたので、これで鼎談を終えます。本日はありがとうございました。

Ⅲ　北海道行政基本条例

（二〇〇二年一〇月一八日　公布、施行）

目次

国際化をはじめ、少子高齢化の進行や高度情報化の進展、環境重視型社会への移行など北海道を取り巻く社会経済情勢は大きく変化しており、また、社会の成熟化に伴い、道民の価値観も多様化している。

こうした中で、道内では、多くの人々が、各地域の多様な特性を生かした産業の新たな展開に向けて、あるいは、福祉、環境、教育など様々な分野における公共的な課題の解決に向けて、積極的な活動を繰り広げている。

地方分権が進展する今日、この北海道において、地方自治を更に発展させて、地域のことは地域の責任の下に決定する分権型社会を実現し、個性豊かで活力ある地域社会を築いていくためには、地域づくりの主体である道民と道及び市町村がそれぞれの役割と責任を果たし、互いに連携を深めることによって、共に新しい時代の進路を拓(ひら)いていくことが求められている。

こうした観点から、道政の推進に当たっては、道民と情報を共有し、道民が道政に参加する機会を拡大するとともに、公共的な分野における道民との協働を進め、更に市町村との連携協力を深めていかなければならない。

道では、これまで、道政改革を進め、情報公開や政策評価などの行政運営に関する制度を整備してきたが、今後とも、このような取組を更に進めるとともに、様々な制度を相互に連動させることにより、本道の実情に即した質の高い政策を展開し、多様化する課題や道民のニーズに対応していかなければならない。

このような考え方に立って、道政運営の全般にわたる指針として、基本となる理念及び原則を明らかにすることにより、新しい時代に対応した道政運営を確立し、道民及び市町村と一体となって、活力に満ち、ゆとりと豊かさを実感できる北海道を築いていくため、この条例を制定する。

第1章　総則

（目的）

第1条　この条例は、道の行政運営に関し、基本的な理念及び原則を定め、並びに知事及び職員の責務等を明らかにすることにより、地方分権の進展に対応した主体的な道政運営を確立するとともに、道民の信頼にこたえる道政を実現し、もって道民の福祉の向上を図ることを目的とする。

第2章　行政運営の基本理念

第2条　道（議会を除く。以下同じ。）は、道政が道民の信託に基づくものであるという認識の下に、次に掲げる事項を基本として、行政運営を行うとともに、不断にその改革を推進しなければならない。

(1) 道政の諸活動の公開性を高め、道政に対する道民の理解を促進するとともに、道政への道民の参加を推進すること。

(2) 北海道の将来を展望し、地域の実情に即した政策を総合的、効果的かつ効率的に推進すること。

(3) 行政手続に関し公正の確保と透明性の向上を図ることにより、道民の権利利益を保護すること。

2 道は、公共的な課題を自ら解決しようとする道民の自主的かつ自発的な活動を尊重し、道民との協働による地域社会づくりを進めなければならない。

3 道は、道民に最も身近な行政を担い、地域における政策を総合的に推進する市町村の役割の重要性にかんがみ、行政運営に当たっては、市町村との対等な関係の下に、市町村と連携協力を図らなければならない。

第3章 行政運営の基本原則

第1節　情報公開と道民参加の推進

（情報の公開）

第3条　道は、道政の諸活動について、その公開性を高め、道民に説明する責任を果たすため、公文書の開示を適正に行うとともに、道政に関する情報（政策の形成過程にあるものを含む。次項において同じ。）の積極的な提供に努めなければならない。

2　道は、道政に関する情報を道民に分かりやすく提供するとともに、道民が迅速かつ容易に道政に関する情報を得られるよう多様な媒体の活用等に努めなければならない。

（道民の参加）

第4条　道は、政策の形成過程において、道民の意向を的確に把握し、これを政策に反映するため、道民が参加する機会の拡大に努めなければならない。

2　道は、公聴会等の道民参加の機会を設ける場合には、特定の地域に偏ることのないよう配慮しなければならない。

3　道は、行政運営及び政策の基本的な方針その他の重要な事項を定める計画及び条例の立案に当たっては、その案の内容その他必要な情報を公表し、道民の意見を求めるとともに、その意見に対する道の考え方を公表しなければならない。

4　道は、道民生活にかかわる道政上の重要な課題に関し、広く道民の意思を直接問う必要があると認めるときは、当該課題に関し、別に条例で定めるところにより、道民による投票を行うことができる。

（附属機関等の委員の公募等）

第5条 道は、附属機関等の委員を任命する場合には、その設置の目的等に応じ当該委員を公募し、これに応じた者からも任命するよう努めなければならない。

2 道は、附属機関等の会議を原則として公開しなければならない。

（意見、提言等への対応）

第6条 道は、道政に関する道民の意見、提言等を尊重し、これを行政運営に反映するよう努めるものとする。

第2節 総合的、効果的かつ効率的な政策の推進

（総合計画の策定等）

第7条 道は、長期的な展望に立って、道の政策の基本的な方向を総合的に示す計画（以下「総合計画」という。）を策定しなければならない。

2 道は、総合計画の策定に当たっては、道民及び市町村の意向を反映するため、道民及び市町村の参加機会を確保しなければならない。

3 道は、総合計画の基本的な方向に沿って、効果的かつ効率的に政策を推進するとともに、そ

の推進状況を定期的に公表しなければならない。

4　道は、特定の分野における政策の基本的な方向等を明らかにする計画については、総合計画が示す政策の基本的な方向に沿って策定し、及び推進しなければならない。

（政策評価の実施等）

第8条　道は、効果的かつ効率的に行政を推進するとともに、道政に関し道民に説明する責任を果たすため、政策評価を実施し、これに関する情報を道民に公表しなければならない。

2　道は、政策評価に関する道民の意見を政策評価に適切に反映させるよう努めるものとする。

3　道は、政策評価の結果を予算編成、組織及び機構の整備並びに総合計画の推進管理等に反映させるものとする。

（財政運営等）

第9条　道は、中長期的な展望に立って、自主的かつ健全な財政運営を行わなければならない。

2　道は、毎年度の予算及び決算その他財政に関する事項を、道民に分かりやすく公表しなければならない。

（執行体制の整備）

第10条　道は、社会経済情勢の変化及び多様化する課題に的確に対応するため、組織及び機構の不断の見直し、民間能力の活用等により効果的で効率的な執行体制を整備しなければならない。

（外部監査人の監査）

第11条　道は、効果的で効率的な行政運営を確保するため、専門性及び独立性を有する外部監査人（地方自治法（昭和二十二年法律第六十七号）第二百五十二条の三十第一項に規定する外部監査人をいう。）が実施する財務に関する事務等に関する監査の結果等を踏まえ、必要な措置を講じなければならない。

（法令の解釈等）

第12条　道は、地方自治の本旨及びこの条例の趣旨に基づいて、法令を解釈し、運用するものとする。

2　道は、行政運営に関する基本的な制度及び政策の推進に関する基本的な事項について、条例化に向けた必要な措置を講ずるよう努めるものとする。

第3節　道民の権利利益の保護

（許可等の処分等に関する手続）

第13条　道は、条例等に基づく許可等の処分及び届出並びに行政指導に関する手続に関し、許可等の審査に関する基準、申請から処分までに要すべき標準的な期間等の共通する事項を定めることにより、行政手続における公正の確保と透明性の向上を図らなければならない。

（苦情の審査等）

第14条　道は、その業務執行に関する道民からの苦情に対し、中立的な立場にある者による審査等が行われた場合には、その結果を踏まえ、必要な措置を講じなければならない。

（個人情報の保護）

第15条 道は、個人に関する情報の保護を図るため、個人に関する情報の収集、利用、提供、管理その他の取扱いを適正に行わなければならない。

第4節 道民との協働

第16条 道は、道民との適切な役割分担の下に、様々な分野における公共的な課題の解決を図るため、道民との協働を積極的に進めなければならない。

2 道は、道民との協働を推進するための環境の整備に努めなければならない。

第5節 市町村等との連携協力

（市町村との連携協力）

第17条 道は、地域の実情に即した政策を推進するため、市町村と適切に役割を分担し、連携協力しなければならない。

2 道は、市町村にかかわる重要な課題に関する政策の形成過程において、関係する市町村の意見を求め、これを政策に反映するよう努めなければならない。

（都府県等との連携協力）

第18条　道は、相互に共通する政策課題を解決するため、他の都府県等との連携協力に努めるものとする。

（国への協力要請及び意見等の提出）

第19条　道は、本道の特性並びに道民及び市町村の意向を踏まえた政策を効果的に推進するため、国に対し必要な協力を求めるとともに、積極的に意見を述べ、又は提言を行うものとする。

第4章　知事及び職員の責務等

（知事の責務）

第20条　知事は、第2章に定める基本理念及び前章に定める基本原則に基づき道政を推進する責務を有する。

（職員の責務）

第21条　職員は、第2章に定める基本理念及び前章に定める基本原則に基づき職務を遂行する責務を有する。

（職員の育成等）

第22条　知事等任命権者は、本道の課題に的確に対応した政策を推進するため、職員の育成を図らなければならない。

2　職員は、政策の立案及び遂行に関する能力の向上に努めなければならない。

附　則

1　この条例は、公布の日から施行する。
2　知事は、この条例の施行後三年を経過した場合において、道政運営の状況、社会経済情勢の変化等を勘案し、この条例の規定について検討を加え、その結果に基づいて必要な措置を講ずるものとする。

Ⅳ　北海道行政基本条例研究会案

［この条例案は、自治基本条例研究会が二〇〇一年八月上旬に作成し、道に提出したものです。］

目次

わたしたちの北海道は、先人による希望と苦節の歴史を歩んで今日の姿に発展するとともに、時代の節々において国政上の重要な役割を分かち合ってきた。いま21世紀を迎え、わたしたちの国と北海道は、国際化、少子・高齢化、高度情報化など、社会経済情勢の大きな変化に直面している。わたしたち道民は、これからの時代も、北海道の恵まれた資源を活かして、地球環境問題の解決や食糧の安定供給、自然エネルギーの開発など、国内外の今日的課題に貢献しながら、優れた自然環境と自立した経済のもとで、心豊かに暮らせる北海道づくりを進めたいと思う。

国土面積の二割を超える広大な北海道は、自然や歴史、文化や産業など、様々な特徴を持った地域を包摂している。北海道は、そうした個性ある諸地域の連合体であり、それゆえ北海道づくりは、それぞれの地域に暮らす道民と道民にとって最も身近な政府である市町村の創意と行動を基礎に進めなければならない。市町村と国との間に位置する道は、地方分権時代にふさわしく、補完性の原理に基づいて、道民や市町村がその潜在力や可能性を十分に発揮できるよう、これらを支援する役割を担わなければならない。

すでに道では、地方分権時代の北海道づくりを想定して、これに対応できる自律的な行政体制の確立をめざして、道政改革を進め、情報公開、政策評価、支庁改革、市町村参加など、今日の都道府県が具備すべき制度の多くを積極的に整備してきた。道は、この道政改革を今後も継続し、導入した制度は不断の点検によって定着させ、また不足するものは果敢に補充して、自治的、総合的な行政体制の確立にいっそう努めなければならない。

この条例は、これまで積み重ねた道政改革の成果を踏まえるとともに、これからのあるべき道政を展望して制定するものである。これは、わたしたち道民が自らの地域を自らの創意と工夫によって築こうという決意の表明であるとともに、道民の信託に基づく道政の基本的な理念や原則を確立し、その理念や原則をこの条例を根拠にして創設される多数の基幹的な制度についても明確にしようとするものである。

ここに、すべての道民、知事、道の職員、市町村その他の関係者に共有され、遵守されるべき最高の条例として、道の行政運営と政策活動を律するこの条例を道民の総意により制定する。

第1章　総　則

（目的）

第1条　この条例は、道民の選挙によって選出され、道民に対して直接の責任を負う知事が統括する道の行政運営における基本理念及びこの基本理念に基づいて創設する制度の基本原則を定めることによって、北海道における民主主義の実現と政策の質の向上を図り、もって日本国憲法第92条に定める地方自治の本旨を実現することを目的とする。

（用語の定義）

第2条 この条例において次の各号に掲げる用語の意義は、当該各号の定めるところによる。

(1) 道民　北海道の区域内に住所を有する自然人及び事務所または事業所を有す法人をいう。

(2) 道　知事を代表者とする地方公共団体（以下「自治体」という。）としての北海道をいう。

(3) 道政　自治体としての北海道における政治及び行政の総体をいう。

（行政運営の基本理念）

第3条 道は、次の各号に掲げる基本理念に基づいて制度を創設し、行政を運営しなければならない。

(1) 道民の知る権利に応えて十分な説明責任を果たすことにより、透明な道政を築くとともに、道民参加を効果的に推進するための条件を整えること。（情報の公開及び共有）

(2) 道民及び市町村が、いつでも道政に参加できるように、恒常的な参加の制度及び時宜に応じた参加の機会を保障すること。（道民及び市町村の参加）

(3) 道と道民並びに道と市町村及び国との役割分担を明確にし、これらの多様な主体の責任と協力によって北海道の公共的課題の解決を図ること。（多様な主体との協力）

(4) 総合計画、政策評価、財務会計、法務体制等の政策活動に係る重要事項についてあるべき原則を明らかにし、最良の手法と技術を用いて政策活動を行うこと。（行政の政策活動の原

則）

(5) 知事を中心とする行政の意思決定を補佐するため、簡素で効果的な行政組織を編成するとともに、道の職員の能力開発に努めること。（行政組織及び職員政策）

(6) 不正行為の防止、効率的な行政運営のための監査、道民の苦情の処理等の体制を確立し、道政における公正及び信頼を確保すること。（公正及び信頼の確保）

2　道は、情報公開と道民参加の関係、政策評価と総合計画の関係等、行政の制度を可能な限り相互に関係づけて活用し、相乗的な効果をあげるよう努めなければならない。

3　道は、行政の制度が複雑化して道民を遠ざけることがないよう、簡素で分かりやすく、すべての人々に共有されるための制度を不断に追究しなければならない。

第2章　情報の公開及び共有

（道民の知る権利）

第4条　すべての道民は、道が保有する情報を知る権利を有するとともに、道に情報の作成を提案する権利を有する。

2　道が保有する情報は、道と道民とが共有する財産であって、道の占有物ではない。

3　前2項の基本原則に基づき、必要な事項は別に制定する情報公開に関する条例で定める。

（行政の説明責任）

第5条　道は、道政の諸活動に関して、道民に積極的に説明する責任を有する。

2　道は、情報の作成及び公開に当たっては、その効果をあげるため、道民参加、市町村参加、政策評価、計画策定等、この条例に規定する他の様々な制度と結びつけて工夫しなければならない。

3　道は、情報公開に関する道民の不服の申立てに関して、適正な対処の手続を定めなければならない。

4　前3項に掲げる原則に基づき、必要な事項は前条第3項の情報公開に関する条例において定める。

（個人情報の保護）

第6条　何人も道に対して、自己に関する個人情報について、開示及び訂正を請求することができる。この場合において何人もこれらに関する道の措置に不服がある場合は、異議を申し立てることができる。

2　道は、個人の権利及び利益が侵害されることがないよう、個人情報の収集、利用、提供、連結、管理等に関して、適切な措置を講じなければならない。

3　前2項に掲げる原則に基づき、必要な事項は別に制定する個人情報の保護に関する条例で定める。

第3章　道民及び市町村の参加

（道民の参加権）

第7条　道民は、主権者として道政に参加する権利を有する。

2　満20歳未満の道民及び北海道に定住する外国人は、自らに関係のある課題に関して道政に参加する権利を有する。

3　独自の歴史と文化を有する北海道の先住民族は、その独自性の観点から道政に参加する特別の権利を有する。

（参加機会の保障）

第8条　道は、次の各号に掲げる道政の基本的な事項を定める計画や条例の立案に当たって、案の内容の公表、必要な情報の作成及び公開、道民意見の募集、募集意見の取扱い等の手続を明確にして、全道的な観点から道民に参加の機会を保障しなければならない。

(1) 長期総合計画、分野別の政策及び地域別の政策の基本的な計画の立案。

(2)道政運営の基本方針や政策の基本方針を定める条例案の立案。
(3)道民に義務を課し、または道民の権利を制限する条例案の立案。
(4)その他、道民生活に重大な影響を及ぼすことが予測される重要問題に係る意思決定等。

2　道は、北海道の広大な行政区域のもたらす難点を克服して、実効ある道民参加を推進するため、支庁における道民参加の体制を確立するなど、地域的な観点からの道民参加を行わなければならない。

3　道は、前2項に規定するもののほか、道政の運営や政策の立案、実施をはじめとする　道政の各般において、多様な方法を用いて道民の意見を把握し、これを道政に反映させるよう努めるものとする。

4　道は、道民参加の記録を作成し、保存し、及び公開しなければならない。

（市町村の参加）

第9条　住民の生活に基礎的な責任を広く有する市町村は、その行政を効果的に推進するため、道に対して意見を提出することができる。市町村の各種連合組織及び広域行政の組織においても同様とする。

2　道は、前項に規定する市町村の意見提出に対して真摯に応答するとともに、市町村に対する補完行政及び広域の自治体としての道政を効果的に推進するため、政策の立案、実施をはじめとする道政の各般において、積極的に市町村の意見を求めなければならない。

3　道政に対する市町村の参加を推進するため、前条で規定した全道的及び地域的な観点からする道民参加の制度の原則は、市町村の参加に関しても準用する。

（参加条例の制定）

第10条　道は、前3条に規定する道民及び市町村の参加に関する理念及び原則のほか、この条例に規定するその他の参加に関する規定を踏まえ、別に道民及び市町村の参加の推進に関する総合的な条例を制定するものとする。

（道民投票）

第11条　知事は、北海道に係る重要事項について、道民の意思を直接確認するため、自らの判断により道民投票を実施することができる。

2　知事は、議会が議決によって道民投票の実施を求めたときは、これを実施しなければならない。

3　知事は、道民有権者がその総数の5分の1以上の者の連署によって道民投票の実施を請求したときは、これを実施しなければならない。

4　知事は、道民投票を実施するときは、投票の事案に係る争点情報を明らかにするとともに、投票の結果を尊重しなければならない。
5　第1項から第3項までの道民投票の実施に関して必要な事項は、事案に応じて別に条例で定める。
6　第3項の道民投票の実施の請求に関する一般的な要件及び手続等に関しては、別に制定する道民投票の請求に関する条例で定める。

第4章　多様な主体との協力

（市町村との関係）
第12条　地方自治の基礎は市町村の自治であることから、道は、市町村の自主性及び自律性を尊重し、市町村及び市町村が設立する広域連合に対して、可能な限り権限及び財源を移譲し、その自治基盤を強化しなければならない。
2　道は、市町村の基礎行政を補完する広域の自治体であるとの観点から、市町村の態様及び政策課題等を把握するとともに、市町村の協力を得て広域の自治体としての行政を効果的に推進しなければならない。

（他の自治体との関係）

第13条　道は、自治体に共通する課題の解決を図るため、都府県をはじめとする道外の自治体との連携、強調及び交流に努めるとともに、道及び道内市町村の主張や先駆的な営為等を積極的に道外に発信するものとする。

（国との関係）

第14条　道は、国との関係が対等かつ協力の関係にあること、及び市町村を補完する広域の自治体としての立場を踏まえ、北海道の自主的、自律的発展のために、国に対して制度、政策の改善等に関する働きかけを積極的に行うよう努めるものとする。

（国際交流）

第15条　道は、地方自治の確立と発展の重要性が国際社会の共通の理解になりつつある状況を深く認識し、近隣諸国の自治体をはじめとして、国際的な交流及び協力の関係を拡充するとともに、道民の国際交流活動に対する支援に努めるものとする。

第5章　行政の政策活動の原則

（総合計画等）

第16条　道は、本道のめざす将来の姿を明らかにし、保持する政策の資源を有効に活用して、これを総合的かつ計画的に実現するため、議会の議決を経て長期総合計画（以下「総合計画」という。）を策定する。

2　総合計画は、次の各号に掲げる要件を満たして策定しなければならない。

(1) 策定に当たって道民参加及び市町村参加を実施すること。

(2) 政策分野別の計画及び地域別の計画を含むとともに、その相互関係並びにそれぞれにおける政策、施策及び事業の体系的な関係を明らかにすること。

(3) 時代や社会経済情勢の変化に弾力的に対応できるよう計画期間を定めること。

(4) 推進のための管理を適切に行い、進捗状況を定期的に公表すること。

3　道が行う政策、施策及び事業は、法令の規定によるものまたは緊急を要するもののほかは、すべて総合計画に根拠を置くものとする。

4　総合計画以外に特定の政策分野における基本的な方向を明らかにする個別計画等を策定する場合は、総合計画との関係を明確にするとともに、策定後においても総合計画との十分な調整のもとで進行を管理しなければならない。

5　総合計画をはじめとする諸計画は、これらが政策評価において最も重要な政策の検証基準になることを、あらかじめ想定して策定されなければならない。

（政策評価）

第17条　道は、道民から付託された道政を効果的かつ効率的に運営していくために、政策の立案、決定、実施及び評価という政策の循環過程を確立して、道政の透明性を高めるとともに、限りある財源や人員等の政策資源を効果的に活用し、政策の合理的な選択及び質の向上に努めるものとする。

2　前項の目的を達成するため、道は、別に定める政策評価に関する条例における評価体系及び手続に基づいて、道のすべての機関において政策評価を行い、その結果を予算、政策、機構及び人事に反映させなければならない。

3　道が行う政策評価は、必要性、経済性及び効率性の観点から、道の政策活動の効果をできる限り客観的かつ厳正に測定できる方法で行うとともに、政策評価に関する適切な情報が作成され、かつ、評価過程に道民が参加するものでなければならない。

（財務会計）

第18条　道は、財政状況を総合的に把握し、的確な財政分析を行い、もって最小の経費で最大の効果をあげる健全な財政運営に努めなければならない。

2　前項の目的を達成するため、道は、次の各号に掲げる財務情報等を整備するものとする。

(1) 一般会計、特別会計、企業会計、関与団体等の連結決算を行い、道の全会計の現状を正確に把握し、公表すること。

(2)予算書及び決算書のほか、行政コスト計算書、対都府県行政水準比較表、支庁別行政水準比較表等を作成し、公表すること。

(3)その他必要な財務情報を作成し、公表すること。

3　道は、前項の財務情報に基づく財政分析のほか、総合計画及び政策評価の結果を踏まえて毎年度の予算を編成しなければならない。

4　道は、新税の導入など道民負担のあり方や道有財産の活用等の検討とともに、国に対して税源の移譲をはじめとする財政における分権改革の誠実な実施を求めるなど、道の自立的な財政基盤の強化に努めなければならない。

5　道は、中長期的な展望にたって、財政健全化に関する計画を策定し、財政の健全化のための実効性ある対策を講じなければならない。

（法務体制）

第19条　道は、自主的で質の高い政策を実行するため、次の各号に掲げる法務に関する行政の体制を充実しなければならない。

(1)条例、規則等の自治立法を積極的に行うこと。（立法法務）

(2)日本国憲法、法令等を自主的に解釈し、運用すること。（運用法務）

(3) 提訴、応訴など訴訟に的確に対応すること。（訴訟法務）
(4) 国に法令等の制定改廃を提言すること。（改革法務）
(5) 情報及び技術の提供の観点から道民の立法活動を支援すること。（支援法務）

2　前項に規定する目的を達成するため、知事は、次の各号に掲げる措置を講じて、道の職員の法務能力の向上に努めるものとする。
(1) 法務担当の組織に自治体の自主的な法務活動の意義を理解する職員を配置すること。
(2) 法務に優れた識見を有する職員または法務に関心を持つ職員からなるプロジェクト・チームを組織し、法務事項に関して自由かっ達な議論を行わしめ、これを法務行政に反映すること。
(3) 法務研修の充実及び法科大学院への派遣等により、職員の法務能力の向上に努めること。

第6章　行政組織及び職員政策

（意思決定）
第20条　知事は、道の代表者として適切な意思決定を行い、かつ、政策方針を明確にして道政を推進するため、次に掲げる措置を講じるものとする。
(1) 行政の意思決定機構を充実すること。

(2)行政の意思決定機構を補佐する行政組織を定めること。
(3)行政の意思決定機構の構成員並びに協議及び決定の内容をその都度公表すること。

（組織編成）
第21条　道の知事部局の行政組織は、この条例に定める行政運営の基本原則並びに社会経済情勢及び道民ニーズの変化に的確に対応するとともに、次の各号に掲げる事項を踏まえて系統的に編成しなければならない。
(1)行政組織を不断に点検し、簡素で透明性の高い組織を編成すること。
(2)分野別の政策及び事務を所掌する本庁組織、地域別の政策及び事務を所掌する支庁組織及び財政、人事、計画等道行政全体の運営に関する政策及び事務を所掌する全庁組織の三部門に大別し、これを基本に編成すること。
(3)前号に規定する本庁組織、支庁組織及び全庁組織は同格とし、これら三部門間の適切な機能分担のもとに、相互の抑制と均衡による行政の運営体制を築くこと。
(4)総合計画に定める道の基本的な政策体系及び政策評価を行政組織の編成に反映させること。
2　前項に規定する常設の行政組織の編成のほか、知事は、道政の戦略的な政策課題を検討するため、必要に応じて、期限を定めて課題ごとにプロジェクト・チームを設置するものとする。この場合において、構成員の一定数を庁内において公募する職員に割り当てるほか、道民及び市町村の職員の参加も考慮するものとする。

3　第1項及び第3項の規定は、第1項第2号及び第3号を除き、知事部局以外の道の機関について準用するものとする。

（職員政策）

第22条　道は、適切な数の職員による効果的な行政を遂行するため、不断に職員の能力の向上を図るとともに、職員の適正な配置を行わなければならない。

2　職員の定数は、財政事情を十分に勘案したものであることを基本に、政策課題の変化及びこれに伴う行政組織の編成等を踏まえて、定めるものとする。

3　職員の能力を活かし、組織を活性化するため、次の各号に掲げる措置等を講じるものとする。

(1) 前条第1項に規定する三部門間において積極的に人事異動を行うこと。

(2) 広く人材を登用し、その英知を道政に活かすため、民間企業等の職務経験者の採用、市町村の職員及び民間企業の職員と道の職員との人事交流に努めること。

(3) 道民の道政参加に準じ、個人、職制、部課及び団体による職員参加を行うこと。

4　道は、職員が能力を向上させることができるよう、政策研究及び研修システムを充実するとともに、自己研鑽のための多様な機会の保障に努めなければならない。

5　職員の採用、昇任、勤務条件等の職員制度に関して必要な事項は、別に条例で定めるものとする。

（審議会等）

第23条　道は、国の法令または道の判断によって審議会等（以下「審議会」という。）を設置する場合は、情報公開及び道民参加の理念と原則に則してこれを運営しなければならない。

2　前項に規定する審議会の運営に関しては、別に審議会の運営に関する条例を制定し、次の各号に掲げる事項を含め運営の原則及び基準を定めるものとする。

(1) 会議、配布資料及び議事録は、原則として完全に公開すること。

(2) 委員の任命に当たって、公募による委員の増加並びに女性委員及び市町村関係者の登用に努めること。

(3) 委員の在任期間及び同一人を重複して委員に任命する場合の審議会の数について制限を設けること。

3　道は、委員の選任、委員会の開催、会議の公開、予算措置の状況を含め、毎年度審議会の活動状況を公表しなければならない。

4　道は、審議会の設置により、道の行政機関の責任が不明確になることがないよう、濫設及び濫用を抑制するために必要な措置を講じなければならない。

（関与団体）

第24条　道は、道が出資や補助、事務事業の委託または職員を派遣している団体のうち一定の基準を満たすもの（以下「関与団体」という。）に関し、毎年度、関与の実態、団体の運営体制、事業展開等に関する情報を公開しなければならない。

2　道は、道の行う政策評価において、道財政の効率的、効果的な運営及び民間でできるものは民間に委ねることを基本に、当該関与団体の存廃を含む関与のあり方について定期的に見直しを行い、その結果を公表しなければならない。

第7章　公正及び信頼の確保

（行政手続）

第25条　道は、道民の権利利益の保護を図るため、道民の申請に対する処分、不利益処分及び行政指導等に関する基準及び手続を定めて、透明で公正な行政手続を確保しなければならない。

2　前項に規定する目的を達成するため、道は、別に制定する行政手続に関する条例において、道民参加による基準の設定及び手続の決定方法等を定めるものとする。

（外部監査）

第26条　道は、公正で効率的な行政運営を確保するため、専門性及び独立性を有する外部監査人による財務事情及び特定の事業等に関する監査を実施しなければならない。
2　前項に規定する外部監査の実施に係る要件は、別に制定する外部監査契約に基づく監査に関する条例において定めるものとする。

(苦情処理)
第27条　道は、法律に基づく道民の権利利益の救済等の諸制度を補完し、簡易迅速に道民の権利利益の保護を図るため、苦情審査委員を置くものとする。
2　前項に規定する苦情審査委員に関しては、次に掲げる事項を含め、別に制定する苦情審査委員に関する条例において必要な事項を定めるものとする。
(1) 何人も苦情審査委員に対し、道の機関の業務の執行に関して苦情を申し立てることができること。
(2) 知事は、議会の同意を得て、人格が高潔で、行政に関し優れた識見を有する複数の苦情審査委員を委嘱すること。
(3) 苦情審査委員は、職権行使の独立性が保障されること。
(4) 苦情審査委員は、申立てのあった苦情に関して調査し、是正または改善に関する措置について勧告を行うこと、当該苦情の発生の原因となった制度の改善について意見を表明すること、及びその他の道の機関の業務一般に関して制度の改善を求める意見を表明することができること。

(5) 知事は、苦情審査委員の職務の遂行を補佐するため、行政に関して優れた識見を有する道の職員以外の者を専門調査員として委嘱すること。

(6) 道の機関及び職員は、苦情審査委員の職務の遂行に関し、協力する義務を負うこと。

（職員の報告）

第28条 道の職員は、道庁において行政執行の公正を妨げ、道政に対する道民の信頼を毀損するような行為が行われていることを知ったときは、勇気をもって、その事実を次項の機関に報告しなければならない。

2 知事は、前項の道の職員の報告を受けて調査する機関として、知事直属の行政適正化委員会を設置するとともに、この機関において改善すべき事実が確認された場合は、その内容を公表し、厳正かつ適正な措置を講じなければならない。

3 知事は、第1項に規定する道の職員の行為が、地方公務員法（昭和25年法律第２６１号）第30条に定める服務の根本基準に反しない限り、当該行為を理由に当該職員に不利益となる措置を行ってはならない。

4 道の職員の報告の対象及び手続、当該職員の保護、行政適正化員会の所掌事務及び権限並びに委員の委嘱、知事の措置等については、別に制定する行政の適正化に関する条例において定めるものとする。

（公務員倫理）

第29条　道の職員の公務員としての自覚を促し、公務に対する信頼の確保を図り、道行政の健全な発展に資するため、別に制定する道の職員の公務員倫理に関する条例において、必要な事項を定めるものとする。

第8章　道民、知事及び職員の責務

（道民の責務）

第30条　道民は、この条例で定める知る権利及び参加の権利等を積極的に行使して、連帯意識と公共心を培い、もって基本的人権の尊重のうちに互いが共和する豊かな北海道づくりに貢献する責務を有する。

（知事の責務）

第31条　知事は、この条例に定める行政の理念及び原則並びにこれらに基づいて創設される制度を遵守して道政を推進し、もって道民に対する自己の直接の政治責任を果たさなければならない。

2　知事は、道の職員に対して、この条例に定める行政の理念及び原則並びにこれらに基づいて創設される制度の遵守を不断に求めるとともに、それが確実に実行されるよう環境を整備しなければならない。

（職員の責務）

第32条　道の職員は、その職責が道民の信託に由来することを自覚し、この条例に定める行政の理念及び原則並びにこれらに基づいて創設される制度を遵守して職務を遂行しなければならない。

2　道の職員は、道民のニーズや地域の政策課題に適切に対応していくため、自ら道民の一員であることを自覚し、道民としての発想に立って政策能力の向上に努めなければならない。

第9章　最高規範性及び見直し手続

（最高規範性）

第33条　この条例は、道の行政運営における最高規範であって、道は、この条例に違反する条例、規則の制定その他の行為をしてはならない。

2　道は、この条例に定める行政運営の基本理念及び基本原則に照らして、不断にその他の条例、規則等の制定改廃に努めるものとする。

3　道は、日本国憲法、法律及び政令等を独自に解釈し、運用する場合も、この条例に照らして、主体的かつ民主的に判断するよう努めなければならない。

（見直し手続）

第34条　道は、この条例の施行から3年を超えない期間ごとに、道民、市町村、道の職員等が参加する検討機関を設置し、この条例が所期の目的を達成しているかどうかを検討するものとする。

2　道は、前項の検討の結果、制度の改善が必要な場合は、この条例の改正を含めて適切な措置を講じなければならない。

附　則

この条例は、平成15年4月1日から施行する。

著者紹介

神原　勝（かんばら・まさる）

1943年北海道生まれ。中央大学法学部卒。財団法人・東京都政調査会研究員、財団法人・地方自治総合研究所研究員などを経て、現在、北海道大学大学院法学研究科教授。専攻：自治体学。

主な著書に『転換期の政治過程―臨調の軌跡とその機能』総合労働研究所、『資料・革新自治体』（共編）日本評論社、『北海道自治の風景』北海道新聞、『現代自治の条件と課題』北海道町村会、『北海道行政基本条例論』公人の友社など。

佐藤克廣（さとう・かつひろ）

1954年秋田県生まれ。中央大学大学院法学研究科政治学専攻博士後期課程単位取得満期退学。北海学園大学法学部講師、同助教授を経て、現在、同法学部政治学科教授、同大学院法学研究科教授を兼務。専攻：行政学・地方自治論。

主な著書に『自治体における政策評価の課題』公人の友社、『自治体の広域連携』公人の友社、『広域行政の諸相』（共著）中央法規.『日本の政府体系』（共書）成文堂、『基礎的自治体システムの構築と地方制度改革』（共著）自治総研ブックレットなど。

辻道雅宣（つじみち・まさのぶ）

1956年北海道生まれ。専修大学商学部会計学科卒業。現在、社団法人・北海道地方自治研究所主任研究員。

主な著書に『自治基本条例への展望』北海道町村会など。

初出一覧

・神原勝「北海道行政基本条例の構想」北海道自治研究、二〇〇二年八月号

・鼎談（神原勝・佐藤克廣・辻道雅宣）「北海道行政基本条例の制定」北海道自治研究、二〇〇二年十月号

・「北海道行政基本条例研究会案」北海道自治研究、二〇〇二年八月号

地方自治ジャーナルブックレットNo. 36
行政基本条例の理論と実際　―北海道の経験から―

２００３年１０月１０日　初版発行　　定価（本体１１００円＋税）
編著者　神原　勝
発行人　武内　英晴
発行所　公人の友社
〒112-0002　東京都文京区小石川５－２６－８
ＴＥＬ０３－３８１１－５７０１
ＦＡＸ０３－３８１１－５７９５
Ｅメール koujin@alpha.ocn.ne.jp
http://www.e-asu.com/koujin/

公人の友社のブックレット一覧
（03.10.20現在）

「地方自治ジャーナル」ブックレット

No.1
水戸芸術館の実験
森啓・横須賀徹 1,166円 [品切れ]

No.2
政策課題研究の研修マニュアル
首都圏政策研究・研修研究会
1,359円

No.3
使い捨ての熱帯林
熱帯雨林保護法律家リーグ 971円

No.4
自治体職員世直し志士論
村瀬誠 971円

No.5
行政と企業は文化支援で何ができるか
日本文化行政研究会 1,166円

No.6
まちづくりの主人公は誰だ
浦野秀一・野本孝松・松村徹・田中富雄 1,166円 [品切れ]

No.7
パブリックアート入門
竹田直樹 1,166円

No.8
市民的公共と自治
今井照 1,166円

No.9
ボランティアを始める前に
佐野章二 777円

No.10
自治体職員の能力
自治体職員能力研究会 971円

No.11
パブリックアートは幸せか
山岡義典 1,166円

No.12
市民がになう自治体公務
パートタイム公務員論研究会
1,359円

No.13
行政改革を考える
山梨学院大学行政研究センター
1,166円

No.14
上流文化圏からの挑戦
山梨学院大学行政研究センター
1,166円

No.15
市民自治と直接民主制
高寄昇三 951円

No.16
議会と議員立法
上田章・五十嵐敬喜 1,600円

No.17
分権段階の自治体と政策法務
松下圭一他 1,456円

No.18
地方分権と補助金改革
高寄昇三 1,200円

No.19
分権化時代の広域行政
山梨学院大学行政研究センター
1,200円

No.20
あなたのまちの学級編成と地方分権
田嶋義介 1,200円

No.21
自治体も倒産する
加藤良重 1,000円

No.22
ボランティア活動の進展と自治体の役割
山梨学院大学行政研究センター
1,200円

No.23
新版・2時間で学べる「介護保険」
加藤良重 800円

No.24
男女平等社会の実現と自治体の役割
山梨学院大学行政研究センター
1,200円

No.25
市民がつくる東京の環境・公害条例
市民案をつくる会 1,000円

No.26
東京都の「外形標準課税」はなぜ正当なのか
青木宗明・神田誠司 1,000円

No.27
少子高齢化社会における福祉のあり方
山梨学院大学行政研究センター
1,200円

No.28
財政再建団体
橋本行史 1,000円

No.29
交付税の解体と再編成
高寄昇三 1,000円

No30

町村議会の活性化
山梨学院大学行政研究センター
1,200円

No.31
地方分権と法定外税
外川伸一　800円

No.32
東京都銀行税判決と課税自主権
高寄昇三　1,000円

No.33
都市型社会と防衛論争
松下圭一　900円

No.34
中心市街地の活性化に向けて
山梨学院大学行政研究センター
1,200円

No.35
自治体企業会計導入の戦略
高寄昇三　1,100円

No.36
行政基本条例の理論と実際
神原勝・佐藤克廣・辻道雅宣
1,100円

No.37
市民文化と自治体文化戦略
松下圭一　［未刊］

「地方自治土曜講座」ブックレット

《平成7年度》

No.1
現代自治の条件と課題
神原勝　900円

No.2
自治体の政策研究
森啓　600円

No.3
現代政治と地方分権
山口二郎　［品切れ］

No.4
行政手続と市民参加
畠山武道　［品切れ］

No.5
成熟型社会の地方自治像
間島正秀　500円

No.6
自治体法務とは何か
木佐茂男　［品切れ］

No.7
自治と参加アメリカの事例から
佐藤克廣　［品切れ］

No.8
政策開発の現場から
小林　勝彦・大石和也・川村喜芳
［品切れ］

《平成8年度》

No.9
まちづくり・国づくり
五十嵐広三・西尾六七　500円

No.10
自治体デモクラシーと政策形成
山口二郎　500円

No.11
自治体理論とは何か
森啓　600円

No.12
池田サマーセミナーから
間島正秀・福士明・田口晃　500円

No.13
憲法と地方自治
中村睦男・佐藤克廣　500円

No.14
まちづくりの現場から
斎藤外一・宮嶋望　500円

No.15
環境問題と当事者
畠山武道・相内俊一　［品切れ］

No.16
情報化時代とまちづくり
千葉純・笹谷幸一　［品切れ］

No.17
市民自治の制度開発
神原勝　500円

《平成9年度》

No.18
行政の文化化
森啓　600円

No.19
政策法学と条例
阿倍泰隆　［品切れ］

No.20
政策法務と自治体
岡田行雄　［品切れ］

No.21
分権時代の自治体経営
北良治・佐藤克廣・大久保尚孝
600円

No.22
地方分権推進委員会勧告とこれからの地方自治
西尾勝　500円

No 23
産業廃棄物と法
畠山武道　［品切れ］

No.25
自治体の施策原価と事業別予算
小口進一　600円

No.26
地方分権と地方財政
横山純一 ［品切れ］

《平成10年度》

No.27
比較してみる地方自治
田口晃・山口二郎 ［品切れ］

No.28
議会改革とまちづくり
森啓 400円

No.29
自治の課題とこれから
逢坂誠二 ［品切れ］

No.30
内発的発展による地域産業の振興
保母武彦 600円

No.31
地域の産業をどう育てるか
金井一頼 600円

No.32
金融改革と地方自治体
宮脇淳 600円

No.33
ローカルデモクラシーの統治能力
山口二郎 400円

No.34
政策立案過程への「戦略計画」手法の導入
佐藤克廣 500円

No.35
98サマーセミナーから「変革の時」の自治を考える
神原昭子・磯田憲一・大和田建太郎 600円

No.36
地方自治のシステム改革
辻山幸宣 400円

No.37
分権時代の政策法務
礒崎初仁 600円

No.38
地方分権と法解釈の自治
兼子仁 400円

No.39
市民的自治思想の基礎
今井弘道 500円

No.40
自治基本条例への展望
辻道雅宣 500円

No.41
少子高齢社会と自治体の福祉法務
加藤良重 400円

《平成11年度》

No.42
改革の主体は現場にあり
山田孝夫 900円

No.43
自治と分権の政治学
鳴海正泰 1,100円

No.44
公共政策と住民参加
宮本憲一 1,100円

No.45
農業を基軸としたまちづくり
小林康雄 800円

No.46
これからの北海道農業とまちづくり
篠田久雄 800円

No.47
自治の中に自治を求めて
佐藤 守 1,000円

No.48
介護保険は何を変えるのか
池田省三 1,100円

No.49
介護保険と広域連合
大西幸雄 1,000円

No.50
自治体職員の政策水準
森啓 1,100円

No.51
分権型社会と条例づくり
篠原 一 1,000円

No.52
自治体における政策評価の課題
佐藤克廣 1,000円

No.53
小さな町の議員と自治体
室崎正之 900円

No.54
地方自治を実現するために法が果たすべきこと
木佐茂男 ［未刊］

No.55
改正地方自治法とアカウンタビリティ
鈴木庸夫 1,200円

No.56
財政運営と公会計制度
宮脇淳 1,100円

No.57
自治体職員の意識改革を如何にして進めるか
林嘉男 1,000円

《平成12年度》

No.58
北海道の地域特性と道州制の展望
神原勝［未刊］

No.59
環境自治体とＩＳＯ
畠山武道　700円

No.60
転型期自治体の発想と手法
松下圭一　900円

No.61
分権の可能性
スコットランドと北海道
山口二郎　600円

No.62
機能重視型政策の分析過程と財務情報
宮脇淳　800円

No.63
自治体の広域連携
佐藤克廣　900円

No.64
分権時代における地域経営
見野全　700円

No.65
町村合併は住民自治の区域の変更である。
森啓　800円

No.66
自治体学のすすめ
田村明　900円

No.67
市民・行政・議会のパートナーシップを目指して
松山哲男　700円

No.69
新地方自治法と自治体の自立
井川博　900円

No.70
分権型社会の地方財政
神野直彦　1,000円

No.71
自然と共生した町づくり
宮崎県・綾町
森山喜代香　700円

No.72
情報共有と自治体改革
ニセコ町からの報告
片山健也　1,000円

《平成13年度》

No.73
地域民主主義の活性化と自治体改革
山口二郎　600円

No.74
分権は市民への権限委譲
上原公子　1,000円

No.75
今、なぜ合併か
瀬戸亀男　800円

No.76
市町村合併をめぐる状況分析
小西砂千夫　800円

No.77
自治体の政策形成と法務システム
福士明［未刊］

No.78
ポスト公共事業社会と自治体政策
五十嵐敬喜　800円

No.79
男女共同参画社会と自治体政策
樋口恵子［未刊］

No.80
自治体人事政策の改革
森啓　800円

《平成14年度》

No.81
自治体とＮＰＯとの関係
田口晃［未刊］

No.82
地域通貨と地域自治
西部忠　900円

No.83
北海道経済の戦略と戦術
宮脇淳　800円

No.84
地域おこしを考える視点
矢作弘　700円

No.87
北海道行政基本条例論
神原勝　1,100円

No.90
「協働」の思想と体制
森啓　800円

No.91
協働のまちづくり
三鷹市の様々な取組みから
秋元政三　700円

《平成15年度》

No.92
シビル・ミニマム再考
ベンチマークとマニフェスト
松下圭一　900円

No.93
市町村合併の財政論
高木健二　800円

No.94
北海道自治のかたち論
神原　勝［未刊］